JE STAPPEN OP DE TWAALF TREDEN

Dolores Thijs

Je stappen op de twaalf treden

'Herinner je je nog dat we in de herfst een vlucht trekvogels zagen? – Ja, ze vlogen over de binnenplaats en verdwenen weer. – Inderdaad, maar ze blijven doorvliegen, ergens, naar verre landen, alleen, onze ogen zijn te zwak, daardoor kunnen we ze niet zien. Zo is het ook met mensen die sterven...'

Andreï Makine, *Het Franse Testament*

KERSTVAKANTIE

'I'd trade all my tomorrows for one single yesterday'

Janis Joplin

Donderdag, 19 december

Het einde van een enerverende wedloop met deadlines. De laatste weken had ik veel werk verzet om ongestoord van de kerstvakantie te kunnen genieten, zonder de zorg om stukken die tijdig bij redacties ingeleverd moeten worden of nog uit te typen interviewbandjes. Ik verheugde me op de vrije dagen, was er ook hard aan toe, wilde leuke dingen doen met mijn gezin, we hadden al plannen gemaakt.

Met een voldaan gevoel ruimde ik mijn bureau op. Moe, maar klaar. Eindelijk ook tijd om die stapel nieuwe boeken te lezen. Die eerste vrije avond trakteerde ik mezelf in het Muziekcentrum op een vioolconcert van Brahms. Hemelse muziek die steeds weer, uit het diepst van mijn gemoed, tranen naar boven stuwde – zonder zakdoek, die ik nooit bij me had, was ik hulpeloos in een concertzaal. Zolang bijzondere mensen schoonheid konden scheppen, zou ik me kunnen verzoenen met de mensheid in het algemeen en nooit echt ongelukkig hoeven zijn. Van muziek te mogen, te kunnen genieten ervaarde ik als een voorrecht dat me beschermde tegen het slechte van de wereld. Dat hadden mijn ouders me meegegeven en ik probeerde het door te geven aan mijn kinderen. Al lag hun muzikale voorkeur nu nog bij Doe Maar en Het Goede doel. Die avond was het leven goed, de wereld in orde.

Vrijdag, 20 december

Een rommelige, eerste vakantiedag. John, gevoelig voor mystieke zaken, ging nieuwsgierig opgewekt naar de kerstviering op school. De laatste tijd probeerde hij me, tot mijn verbazing, te overtuigen van het bestaan van God – overigens met vragen waarop ik geen antwoord wist. Ik had waardering voor zijn argumenten, al vroeg ik me af waar hij ze vandaan haalde. Zijn vader was gelovig. Ik was zelf totaal anders opgevoed, maar respecteerde ieders geloof. Ik was blij, zelfs een beetje jaloers, dat dit kind een houvast had gevonden – ver verheven boven zijn alledaagse aardse jongensleven – dat zijn hart leek te verwarmen. Ondanks mijn levenservaring en 'wijsheid' voelde ik me soms armer en kleiner dan mijn oudste zoon, die pas dertien was. Misschien had ik meer te leren van hem dan hij van mij. Was zijn naam wel zo'n toevallige keuze geweest? John betekende immers 'Begenadigd door God'.

Om elf uur 's ochtends was hij alweer thuis. Glunderend, omdat het nu twee weken lang écht zou kunnen: uitslapen, met vriendjes op pad gaan, van de – weliswaar betrekkelijke – vrijheid genieten. Hij hield van gezelligheid, van mensen om hem heen, was volgens zijn leraar een 'jongen die in het leven hapt', en de man had gelijk.

Gaandeweg begon de kerstroes nu ook mij in zijn greep te krijgen – dat werd de hoogste tijd – en in plaats van aan het bureau te werken zat ik nu gemoedelijk met mijn drie kinderen te lanterfanten en dronken we chocolademelk. We hadden het over cadeautjes, menu's en uitstapjes en leken een beetje op zo'n bijna uitgestorven, knus gezin uit een vrouwenblad van de jaren vijftig. De kerstboom werd versierd, van rood karton maakten we onze eigen kerstkaarten en schreven er met een goudstift onze beste wensen op. Ik kocht ook alvast een abonnement voor de ijsbaan, die me veiliger leek dan al die idyllische watertjes die in geen enkele nieuwbouwbuurt ontbreken, maar steeds weer kinderlevens eisen. Mijn kinderen konden nog zo proberen me ervan te overtuigen dat ze wel uitkeken op zo'n ijzige plas, toch was ik steeds opgelucht wanneer ze met rode wangen en druipneuzen weer thuiskwamen. Een mens moest er niet aan denken dat er 's eentje níét terugkwam! Het leek mij een gruwelijk lot. Maar waarom zou ik me daar zorgen over maken, wanneer ik toch mijn kinderen in het leven zag 'happen'?

John zeurde over vuurwerk voor oudejaarsavond, maar ik hield het been stijf en hing een plaatje boven zijn bed: 'Dankzij dat veel te korte lontje, heb ik nu mijn eigen hondje.' Duidelijke taal bij de afbeelding van een jongetje met een donkere bril en een blindengeleidehond. 'Maar ík kijk wel uit!' protesteerde hij, maar dat hadden al die kinderen met brandwonden en oogletsel ook gezegd. Dan maar liever een chagrijnig kind, dat ging tenminste snel over. Die avond las ik in één ruk *De kleine blonde dood* van Boudewijn Büch uit en deed een kaartje op de bus: 'Boudewijn, je hebt een prachtig boek geschreven.' Maar was dat wel het goede woord voor een boek over de dood van je eigen kind? Dat later volledig uit Boudewijns duim gezogen bleek te zijn.

Zaterdag, 21 december

John had nieuwe kleren nodig en we gingen de stad in. Zijn broertje Tom speelde liever bij een vriendje en Tanja, die niets nodig had, ging mee voor de gezelligheid, al wist ik best waar dat op uit zou draaien. Waar John was, was ook zijn zusje te vinden. Ze was maar een jaar ouder en samen waren ze het levende voorbeeld van 'twee handen op één buik'. Ik deed alsof ik de tactiek niet doorhad, want wat was er leuker dan te denken dat je je moeder hebt ingepakt. En wat was er moeilijker voor die moeder dan nieuwe kleren te kopen voor een opgroeiende knul met een uitgesproken smaak die niet altijd de hare was. Tanja was dit keer solidair met mij, wat meestal veel minder het geval was zodra het haar eigen garderobe betrof, zodat wij, aanbeland in het stadium van 'net-zo-slank-als-je-dochter' slechts sporadisch elkaars kleren aantrokken.

John bleek sinds het voorjaar alweer twee maten gegroeid te zijn en schoenen in maat 39 waren inmiddels ook aan de krappe kant. Mijn zoon, nu nog een rupsje, beschermd in zijn cocon, was een man aan het worden. Maar vlinders, zelfs de mooiste, fladderen een kortstondig bestaan en mijn kinderen, álle kinderen, wenste ik een lang en gelukkig leven toe. Met enige compromissen lukte het om een 'outfit' samen te stellen, waarvan ik vond dat mijn kind er met de feestdagen fatsoenlijk mee voor de dag kon komen en hij zelf niet het gevoel had bij vrienden en vriendinnen (al groot in getale) voor schut te staan. Voor een pasgeboren neefje namen we 'Baby's Eerste Kerstbal' mee.

Zondag, 22 december

De zon scheen en de zachte temperatuur nodigde uit tot een wandeling op de hei waar zich een kleine machtsstrijd ontspon met Napoleon die een kudde schapen bewaakte. Een koddig en vertrouwd verschijnsel op de Heuvelrug, maar de herdersezel, zijn koppige reputatie waardig, had zelf geen gevoel voor humor. Een lichte voorzichtige aai tussen de ogen liet hij zich nog net welgevallen, maar verdere toenaderingspogingen werden niet op prijs gesteld. Deze kleine korporaal wilde de wandelaars zo snel mogelijk kwijt. Met koppige stootjes begon hij ons het wandelpad op te sturen, in zijn eigen gebarentaal te kennen gevend dat het gezin zowel de kuddeorde als zijn hoogstpersoonlijke rust verstoorde en verzocht werd op te krassen. Toen hij ons had waar hij ons hebben wilde, keerde hij ons zijn achterwerk toe, slofte balkend terug naar zijn schapen en gunde ons indringers geen blik.

Ik zag hen vóór me op het pad lopen, mijn kinderen, lachend om de ezel, met z'n drieën ravottend met een tennisbal. Jonge levensvreugde met de ouders toch nog veilig op de achtergrond. En weer werd ik overstelpt door trots en liefde – het leek wel of het de laatste tijd nog toenam.

Wandelend tussen de naaldbomen en bij daglicht wist ik me volmaakt gelukkig.

Maandag, 23 december

John had een afspraak bij de orthodontist voor een beugelcontrole. De behandeling begon zichtbaar te helpen, maar echt leuk vond hij het niet. Ik probeerde hem te troosten met het vooruitzicht dat hij er tegen de zomervakantie van verlost zou zijn en met zijn nieuw verworven stralende glimlach onweerstaanbaar zou zijn geworden voor Italiaanse meisjes. De prins van ons vakantiedorp! En ik zei dat ik hem er zelfs mét beugel nog leuk vond uitzien. Hij keek mij van terzijde aan, om er zeker van te zijn dat ik het meende, dacht even na en zei: 'Ja, maar jij bent mijn moeder.'

Later op de middag wilde hij naar het zwembad, maar bij gebrek aan een beschikbaar vriendje besloot hij het een dag uit te stellen, waste de auto en ging met een stel anderen naar de film. Die avond ging iedereen op tijd naar bed; morgen werd een lange dag, tot na de nachtmis, dat hoorde nu eenmaal bij ons romantische beeld van het kerstfeest. Bovendien was het een moment van bezinning dat nooit kwaad kon. 'Je hoeft niet meer te komen', zei John toen hij de trap opging. Waarmee hij bedoelde: blijf maar rustig zitten, doe geen moeite voor míj, ik kom heus wel zonder nachtkusje in slaap, ik ben geen kleuter meer. Ik wist echter dat hij die zoen en die aai niet kon missen. Het gevoel dat er van hem gehouden werd zoals hij van anderen hield, wat hij steeds weer in kleine dagelijkse dingen liet blijken. Dus ging ik toch naar zijn kamer.

Het was een dag zonder hoogte- of dieptepunten geweest. Een doodgewone dag in een doodgewoon gezin.

Dinsdag, 24 december

Rond halfacht stond ik op – ik had immers nog twee weken de tijd om te luieren. Op mijn weg naar beneden ging ik Johns kamer binnen. Hij had het rolgordijn omhooggetrokken en lag te lezen in *Het oneindige verhaal* van Michael Ende, zichtbaar vastbesloten om het er eens goed van te nemen – en gelijk had hij. Ik graaide door zijn haren en noemde hem teder 'grote luiaard'. Twee blauwe ogen straalden me quasi onschuldig aan: hij had toch zóóóó'n zin in een ontbijtje op bed... Komt voor mekaar, jongen.

In de woonkamer brandden de lampjes in de kerstboom. Mijn man was al vroeg naar de zaak gegaan. Rond de feestdagen was er meer dan genoeg werk in een fotostudio en de nieuwe assistente moest ingewerkt worden. Tanja en Tom hadden thee gezet en zaten aan tafel te ontbijten. Er werd een planning gemaakt: Tom zou kerstkoekjes bakken – en daarna de boel ook opruimen; Tanja wilde zich als taartenspecialist wagen aan een ingewikkeld kwark- en kiwirecept én chocolademousse. Ik zou zorgen voor het hoofdgerecht en schone lakens op de bedden. John, uitgerekend hij die ambities koesterde als kok, ging eerst liever met zijn vriendje Mark naar het zwembad en beloofde dat

hij daarna wat lekkere hapjes zou maken. Na het zwemmen wilde hij nog een croissant kopen voor bij 'paps cadeautje', maar ik raadde hem aan dat eerst te doen – na vieren zou de bakkerswinkel weleens uitverkocht kunnen zijn. Hij fietste snel naar het winkelcentrum, gaf me even later een knapperig croissantje in bewaring en pakte zijn zwemtas. Ik kreeg een kus, gaf hem er ook één en drukte hem op het hart om vóór donker thuis te zijn. John liep het tuinpaadje op, deed zijn fiets van het slot en wachtte op mijn handzwaai. Gerustgesteld deed hij het poortje achter zich dicht. Dat uitzwaaien was een klein ritueel bij elk afscheid, hoe kortstondig ook, van wie ook. Een gebaar dat er gewoon bij hoorde. Het soms in de haast vergeten kon een hele dag verpesten. 'Dag, mam!'
Dag, John.

Het begon te schemeren. De stille, heilige nacht naderde. Ik nam een bad, trok mijn zwarte zijden jurk aan, streek mijn panty glad, maakte me op en was tevreden met het spiegeltje aan de wand. Ondertussen dekten Tanja en Tom de tafel in een modieuze combinatie van wit en goud en legden ze de pakjes onder de kerstboom. Alleen die van John ontbraken nog, maar dat moest hij zelf maar doen, vond ik, zo'n moment heeft toch iets plechtigs. Tom, ons 'koekiemonster', zette de koekjes op de salontafel en er werd thee gedronken. 'Hoe laat maken we de cadeautjes open?' vroeg hij. 'Ik verheug me zo op vanavond!' Hij was niet de enige.

Toen de kinderen nog klein waren, had ik elk jaar een nieuw kerstverhaal verzonnen en voorgelezen, maar ze hadden me al voorzichtig te kennen gegeven daar geen behoefte meer aan te hebben. Het was 'kinderachtig' geworden, wat me eigenlijk goed uitkwam, want mijn fantasie raakte zo langzamerhand uitgeput. Geen kerstverhaal meer, dus. Eerder hadden ze ook Sinterklaas ontslagen van zijn verplichtingen en de Kerstman als pakjesbezorger in dienst genomen, zo eensgezind hun voorkeur uitsprekend voor één grote, gezellige avond met alles erop en eraan in plaats van over twee avonden verdeelde pret. De goedheiligman, die beslist geen krenterigheid in de schoen geschoven kon worden, werd op zijn naamdag nog uitsluitend herdacht met banketstaven en chocoladeletters, maar het grote – en duurdere – werk was definitief overgedragen aan zijn collega uit Rovaniemi. Zodoende was de avond voor kerst dé avond geworden van surprises, gedichten, cadeautjes, de avond waarop iedereen bewuster dan anders aanvoelde hoe goed het was om deel te zijn van een gezin.

Tanja stak de kaarsjes en de open haard aan, een klusje dat John altijd graag deed, maar ja, hij was er nu niet. Tom lag op de bank een stripboek te lezen en Tanja werkte aan een borduurwerkje met vlinders, een cadeautje voor haar opa, die daar zo van hield. Waar bleef John toch? Terwijl ik in de keuken rommelde, sloop een knagend gevoel mijn maagstreek binnen. Ik had niet eens meer zin om te proeven van de gerechten die ik aan het bereiden was. John hield zich altijd aan afspraken en inmiddels was het halfvijf en donker. Ik stelde mezelf gerust: zo meteen sloot het zwembad en dan zou hij wel snel thuis zijn. Of hij was bij zijn vader aangewipt en ze zouden samen thuiskomen. Het kon nooit lang meer duren. 'Mam, je hoeft niet altijd zo bang te zijn', zei Tanja, die nog niet wist dat je vanaf de geboortedag van je kinderen je leven lang bang bent. 'Hij komt heus wel!'

Ik zweeg. John kon zwemmen als een vis en bovendien, De Zwoer was het meest moderne zwembad van de streek, één grote waterspeeltuin die duizenden, voornamelijk jonge, bezoekers uit de hele regio aantrok. Ik ging er weleens naar de sauna en het Turks bad of liet me kleuren op de zonnebank, maar ik had er nooit iets voor gevoeld om tussen een drukke mensenmassa het water in te duiken. En, onbewust – of misschien toch wel bewust, omdat mijn kinderen er zo vaak zwommen – ging mijn aandacht altijd even uit naar het toezicht. Of het ontbreken daarvan. De proef op de som nemend had ik me op willekeurige plekken van het wit betegelde complex afgevraagd: stel, dat hier iets gebeurt? Het antwoord daarop verdrong ik telkens. Er was trouwens al eens 'iets' gebeurd. Hassan, een Marokkaans jongetje dat nog niet kon zwemmen, was na de zwemles in het diepe gevallen en pas bij het tellen in de schoolbus werd hij vermist. Het hele dorp had erover gepraat. Maar niemand had iets gezien, school- en zwembadbestuur schoven elkaar de zwartepiet toe en Hassans ouders moesten er maar mee leren leven. Sindsdien voelde ik me nooit meer echt gerust als mijn kinderen er gingen zwemmen, al konden die dat inmiddels veel beter dan Hassan of ik. John mocht rustig een paar uurtjes met Mark gaan zwemmen. Ik wilde mijn kinderen niet besmetten met mijn eigen angsten. Als ik hun wel voorzichtigheid op het hart drukte, sloeg dat voornamelijk op het verkeer dat eigenlijk een veel reëler gevaar was.

De angst voor water begon in de zomer toen ik op m'n negende uit een meer werd gered. Ik heb dat nooit aan mijn ouders verteld. Ik zweeg vooral om de verwijten van mijn moeder te vermijden en zo mijn eigen rust te vrijwaren. Sinds die tijd heb ik altijd iets met water gehad. Beter gezegd: ik had er niets mee. Had er zelfs een hekel aan. Het mocht dan wel de oorsprong van alle leven zijn, maar het heeft ook een vernietigende kracht, zoals al in de Bijbel beschreven in het bekende verhaal van de zondvloed in het boek Genesis. En dan zijn er de stormvloeden en zeebevingen... Pas zes jaar later heb ik met moeite en grote tegenzin leren zwemmen, omdat een nieuwe, strengere sportlerares niet meer in mijn smoesjes van vergeten badpakken of buikpijn trapte. Terwijl mijn klasgenoten de vrijheid kregen en ronddartelden als dolfijnen, besteedde ze alle aandacht aan mij – er was geen ontkomen aan. Ze leerde me zelfs duiken! Maar veel eer behaalde ze er niet mee. Baantjes trekken in schoolslag, liefst in een verlaten bad, was het enige wat zonder paniek nog enigszins wilde lukken. Ik bleef doodsbang voor water.

Toen hij zes was viel Tom tijdens een vakantie in een – voor mij ondiep – zwembadje en in plaats van achter hem aan te springen had ik als aan de grond genageld gestaan. Een jongen van een jaar of zeventien haalde hem eruit. Ik had er lang schuldgevoelens over: was ik een slechte moeder? Zou ik voor mijn ogen mijn eigen kind kunnen zien verdrinken omdat ik te laf was om zelf het water in te gaan?

Ik had zelfs nachtmerries over water. Een vliegtuigje dat ergens in een Afrikaans meer neerstortte en waarvan de twee inzittenden verdronken, terwijl ik een steeds langer wordende arm uitstak die toch net iets te kort bleek. Ik kon de mensen niet redden. Toen ik dit later vertelde aan kennissen die jarenlang in Congo hadden gewoond, gaapten ze me verbijsterd aan. Ver weg, kilometers ver van mijn bed, had mijn 'droom' zich daadwerkelijk afgespeeld. Ik droomde echter ook over Tom die in een meer verdronk en weer had ik er als verlamd naar staan kijken. Zelden heb ik me opgeluchter gevoeld toen ik ontwaakte en die ochtend heb ik mijn jongste kind een extra stevige knuffel gegeven, zijn warme, goddank levende lijfje nog wat inniger tegen me aan gedrukt. Maar de angst bleef de hele dag op me drukken.

Tanja wilde verder borduren aan de tweede vleugel van de atalanta, een zwarte vlinder met twee rode banen op zijn vleugels en bovenaan wat witte vlekken, maar de borduurzijde was op. Ze zou moeten wachten tot na de feestdagen. Daarom ging ze maar vast de kiwi's schillen en de chocoladerepen breken. Maar opeens zag ik haar bleek worden en steun zoeken bij het aanrecht. Het duurde maar een paar seconden en toen het voorbij was vertelde ze dat

ze een vreemde, scherpe pijnscheut had gevoeld, zo intens dat ze dacht te zullen flauwvallen. Ze had nog een tijdlang last van een misselijk gevoel en ging op de bank liggen.
'Je moet ook niet te veel snoepen', zei ik 'Straks gaan we lekker eten.'

In het zwembad

'Laten we maar vast beginnen met pompen, de bedrijfsleider is er toch niet en dan zijn we met kerstavond vroeg klaar.'

Een jonge marinier, net een paar dagen thuis van een lang verblijf op een onderzeeër Harer Majesteit – niet bepaald een jongen zonder watervrees – ving de opmerking op, maar besteedde er verder geen aandacht aan. Hij keuvelde in het cafetaria van het zwembad nog wat na met een vriend en stond op het punt om op te stappen. Nog één biertje en dan gezellig Kerstmis vieren!

Een mevrouw die haar dochters ophaalde zag hen afscheid nemen van twee jongens, die er blijkbaar nog geen genoeg van hadden.

Een gepensioneerde zeeman keek op zijn horloge: vier uur. 'Als jij je nu aankleedt, gaat opa nog wat spieroefeningen doen', zei hij tegen zijn kleindochter, die hij op een ijsje had getrakteerd. 'Over een halfuur kom ik eruit.'

De cafetariahouder spoot een kwak softijs op een hoorntje en zag terloops dat het waterpeil in het bad begon te zakken. Nu begon men blijkbaar al anderhalf uur vóór sluitingstijd met de schoonmaakwerkzaamheden in het bad. Het werd steeds gekker! Gewoonlijk was dat een halfuur, de tijd die nodig was om veertig kubieke meter water weg te pompen. Wat hij trouwens ook altijd link had gevonden, omdat het gebeurde wanneer er nog zwemmers in het bad waren. Die badmeesters hadden een logica die de zijne niet was en hij had het bestuur zelfs op de gevaren gewezen: pompen behoorde men volgens zijn bescheiden mening na sluitingstijd te doen, wanneer er niet meer gezwommen werd. Bovendien konden nietsvermoedende duikers zich wel 's lelijk misrekenen.

Maar er werd geen aandacht besteed aan zijn bedenkingen en er schenen ook geen normen of regels voor te bestaan. Je moest maar vertrouwen op het verstand en het verantwoordelijkheidsgevoel van de mensen die er direct mee te maken hadden. En wie was hij uiteindelijk om zich daar druk over te maken? Híj had een leuke baan en tenslotte kwam het bestuur zich ook niet met de ijsmachine en het frituurvet bemoeien. Hij pakte twee bierglazen en tapte ze vol pils met een flinke schuimkraag voor de marinier en zijn vriend.

Er waren nog zo'n veertig zwemmers in het bad. Een badjuffrouw hield de duikplank in de gaten, waar een stel opgeschoten jongens indruk probeerde te maken. Twee op parttime basis werkende toezichthouders – jongens van zeventien, achttien jaar – liepen wat heen en weer te sloffen en maakten een praatje. Nog anderhalf uur doordouwen en het zat erop voor vandaag. Een van de badmeesters was beneden in de machinekamer bezig, de ander had, net als de bedrijfsleider, een vrije dag.

Een paar minuten vóór halfvijf klampte een jongetje een van de jonge toezichthouders aan: hij werd daar onder water nogal hardhandig aan zijn benen getrokken, kortom, er werd daar in dat ondiepe bubbelbad van 1,35 meter geklierd. Het advies was dat hij de boosdoeners maar een tik terug moest geven en hen sommeren uit het water te komen. Hij kende die geintjes. Hem zeker weer voor niks een frisse duik laten nemen. Nee, daar trapte hij mooi niet meer in. Het jongetje slofte de tegengestelde richting uit. Maar hij kwam terug. Het was eigenlijk geen 'klieren' meer, zo meldde hij angstig. Er waren twee jongens verdronken. 'Daar maakt men geen grappen over', zei de jonge toezichthouder, nu met enige stemverheffing. 'Het is geen grap', schreeuwde het jongetje.

Toen de toezichthouder uiteindelijk ging kijken, zag hij twee jongens met het hoofd onder water vastzitten aan een afvoerrooster. Wat toen volgde zou zelfs als slecht filmscenario zijn geweigerd. Te ongeloofwaardig. De badjuffrouw haalde hollend de badmeester uit de kelder die, toen hij zag wat zijn ogen liever nooit hadden aanschouwd, meteen terugrende om de pomp uit te zetten, die nog steeds met een gigantische kracht doorzoog. Inmiddels tikte de grote zwembadklok onverbiddelijk verder, seconde na verloren seconde. Kwart voor vijf.

De zeeman die in het bubbelbad zijn spieren zat los te maken sprong overeind en duwde de parttimers weg die tevergeefs aan de beknelde kinderen stonden te sjorren. Trekken, zo wist hij, had geen zin; waar vacuüm gezogen werd moest ruimte worden gemaakt, iets wat iedere stofzuigende huisvrouw wist. Hij duwde de twee jongens op de schouders naar beneden, legde hen binnen een paar seconden op de rand van het zwembad en begon met de reanimatie van één van hen. Hij wist precies wat hem te doen stond. Als deze jongen nog te redden was dan zouden ze samen de mooiste kerstavond van hun leven hebben. De zeeman bad in stilte tot God, beademde de jongen, masseerde zijn hart, dacht aan de ouders. Hij wílde dat dit jongetje bleef leven! Maar hij wist al dat hij zichzelf voor de gek hield. Het kind was wel tien minuten onder water geweest. Waarom had niemand iets gezien? Uit een ooghoek zag hij de badjuffrouw en de badmeester aan het werk met het andere kind. De parttimers stonden er beteuterd, bleek en nutteloos bij en de zeeman realiseerde zich met een schok dat één van de twee kinderen in ieder geval geen kans gehad zou hebben als hij niet toevallig ter plekke was geweest. Een arts, bestuurslid van het zwembad, arriveerde en bedacht dat er maar eens ambulances opgeroepen moesten worden. Dat duurde even, omdat niemand het telefoonnummer kende. De arts wilde het overnemen van de zeeman, maar die duwde hem meteen weer van het kind af. Dit kon híj beter! Het was de ellendigste kerstavond van zijn leven en hij zou de vreselijke chaos in dat zwembad nooit meer vergeten.

De inmiddels met de ambulance gearriveerde verpleegkundigen moedigden de zeeman aan. Maar zodra ze hun monitoren hadden geïnstalleerd werd duidelijk dat alle moeite vergeefs was geweest. En bij het andere kind was nog slechts even een lichte hersenfunctie waar te nemen. Pas toen de verplegers de jongetjes optilden en op de brancards legden, zagen zij de grote bloeduitstortingen op hun ruggen.

De zeeman dacht opeens aan zijn kleindochter, die de hele tijd op hem had staan wachten. Hij was het kleine meisje helemaal vergeten. 'Opa, ik heb alles gezien', zei het kind. En de marinier herkende een van de jongens die de ambulance ingedragen werden: het was het oudste broertje van zijn buurmeisje, Tanja.

De slinger van de wandklok slaat halfzes als bij de ouders van Mark aangebeld wordt. Dat de huisarts op de stoep staat is ongewoon, maar attent. Ook zij hebben drie kinderen en vandaag wordt de jongste negen. Fijn, dat dokter daar zelfs op kerstavond aan heeft gedacht. Belieft hij een jenevertje? De man weigert, hoewel hij er best een kan gebruiken. Hij is niet gekomen voor een borrel.

De vlammen likken langs de wand van de open haard als we worden opgeschrikt door het ding-dong aan de voordeur.

Ha, eindelijk. John is natuurlijk zijn sleutel vergeten. Maar zijn vader heeft er toch één? Ik knip de buitenlamp aan. Doe de deur open. Het sluimerende, knagende gevoel dat ik het laatste halve uur niet meer kwijt ben geraakt zwelt aan tot een pijnlijke bal in mijn maag. Mijn hersenen zenden het signaal uit dat een op kerstavond aanbellende huisarts geen heilbode is.

'Ik werd gebeld door het zwembad. Er is iets met uw zoon. Iets met een rooster. Hij is naar het ziekenhuis gebracht.' Op een paar straten afstand van elkaar brengen twee huisartsen dezelfde boodschap over.

Ik voel een pijn langs mijn slapen glijden en op mijn ogen drukken, tintelingen in mijn vingertoppen en een verstikkende beklemming. Mijn lichaam verstrakt. Ik voel van alles en tegelijkertijd ook niets meer. In een flits zie ik John onder water zitten, zijn vingers tijdens het muntjesduiken vastgeklemd in een afvoerrooster op de bodem van het bassin. Misschien heeft hij te lang vastgezeten, is hij bewusteloos geraakt. Iets anders kan – wil – ik me niet voorstellen. Hij kan toch zwemmen? Nee, het kan nooit erg zijn.

Ik probeer rustig te blijven. De arts zegt het niet precies te weten en vraagt of hij het ziekenhuis mag bellen. Mijn ogen zijn gefixeerd op zijn gezicht dat steeds zorgelijker wordt en ik krijg het opeens erg koud. De arts hangt op, beweert niet veel wijzer te zijn geworden, maar ik geloof hem niet. Het verhaal aan de andere kant heeft te lang geduurd.

Mijn man moet op de hoogte gebracht worden, maar zijn telefoon blijft maar overgaan. Paniek. Ik wil in dat ziekenhuis niet alléén geconfronteerd worden met... De gedachten die ik probeer te onderdrukken infiltreren langs slinkse wegen mijn bewustzijn. Tanja en Tom zitten me vragend aan te kijken. Het stripboek ligt op de grond, aan de vlinder wordt niet meer verder geborduurd. Het duurt even voor ik iemand heb gevonden die me naar het ziekenhuis kan rijden. Slechte timing, kerstavond. Ik bel een vriend. 'Als papa thuiskomt moet hij meteen naar het ziekenhuis komen', zeg ik als ik buiten eindelijk een draaiende motor hoor en mijn jas omgooi.

De vijf kilometer naar het ziekenhuis lijken er wel honderd. De straten zijn verlaten en stil, in de huiskamers staan de kerstbomen op het hoogtepunt van hun kortstondige bestaan te glimmen en te glanzen, bij mensen die zich verheugen op samenzijn, kinderen met dromerige ogen, iedereen misschien even iets gelukkiger dan gisteren of morgen. Zelfs de spoorwegbomen staan open en in de verte zie ik de feestverlichting boven de winkelstraat. De vriend rijdt en zwijgt, hulpeloos in zijn onwetende onmacht.

Waar is mijn man, vraag ik me af. Ik weet nog niet wat zich inmiddels bij hem heeft afgespeeld: om halfvijf sluit hij de zaak, drinkt nog een glaasje met de nieuwe assistente en gaat wat laatste boodschappen doen. Halverwege zijn lijstje stelt iemand hem op de hoogte van 'iets' met één van zijn zonen. Hij rijdt rechtstreeks naar het ziekenhuis – 'Waarom had ik jou ongerust moeten maken?' zal hij naderhand zeggen – en tilt even later een wit laken op. Radeloos van ellende perst hij John tegen zich aan. Het lichaam is nog warm – vergist men zich niet? Terwijl hij zijn zoon weer leven probeert in te fluisteren – of te gillen, later weet hij het niet meer precies – schiet de wanhoop in hem omhoog. Met afgrijzen ziet hij de confrontatie van het dode kind met zijn moeder tegemoet. En voor het eerst in zijn leven kan hij de naam van God niet meer vinden.

Ik stap uit de auto, hoop uit deze nachtmerrie wakker te worden in mijn warme huiskamer. Ik wil niet die kille, neonverlichte ziekenhuishal binnenlopen, geen verplegers in witte jassen en op gezondheidssandalen hun gezicht van me zien afwenden, geen arts zijn handen op mijn schouders voelen leggen, me aankijkend met een blik die woorden overbodig maakt. Al dat wit! Mijn lievelingskleur, kleur van de onschuld, kleur van de dood. Dan zie ik mijn echtgenoot in de gang. Een verpleger duwt ons met zachte hand naar een kamertje op de intensive care.

John ligt op een onderzoektafel, zijn bleke gezicht komt boven een wit laken uit. John. Die zomaar een bloemetje voor me meebracht of een puddingbroodje en dan geen zakgeld meer had. Die ook míj weleens op een ontbijtje op bed trakteerde. Die van me hield. Ik sla een hand voor mijn mond, gil zonder geluid. Een flits van hoop: Dit is een vergissing, een dode wordt toch helemááal toegedekt? Kijk, zijn ogen zijn maar halfgesloten, hij sluimert maar wat, zo slaapt hij ook, hij is gewoon even buiten bewustzijn, zijn gezicht vertoont geen enkel spoor van een doodsstrijd. Wat een afschuwelijk misverstand! Waarom jaagt men iemand zo nodeloos de stuipen op het lijf? Dit komt echt weer goed, we zullen er met de schrik afkomen. Maar waarom hoor ik mezelf dan huilen? En wat zegt die stem, ergens ver weg in de ruimte? 'We hebben gedaan wat we konden doen... Kinderen zijn flexibel... Helaas... alle pogingen ten spijt... Het heeft bij beide jongens niet meer mogen baten...' De stem is opeens dichtbij.

Beide jongens? Mark dus ook? Wat is daar in dat zwembad gebeurd?! Mark ligt dus nu ook in zo'n koud, eenzaam, neerslachtig kamertje. De gedachte aan zijn ouders en hun eigen nachtmerrie sijpelt even door mijn verdoofde brein.

De beschermende dam die ik in mijn hersenen probeerde op te werpen breekt door om plaats te maken voor de waarheid die me met een verwoestende kracht overspoelt. De stille wanhoop ontlaadt zich in een gehuil dat in alle felheid vanuit de bodem van mijn ziel naar buiten breekt. In luttele seconden vloeit het geluk dat ik al die jaren meende te bezitten langs mijn ooghoeken weg, er is geen houden aan. Ik hoor mezelf roepen: 'Niet míjn kind!' Alsof ik dit onheil een ander kind wél zou toewensen.

Ik omhels mijn zoon die voor het eerst niet meegeeft, niet reageert – hij, die zo graag geknuffeld werd en zo graag knuffelde. Ik buig me over hem heen, streel zijn haren, zijn wangen, ik kus hem, klem zijn stijve vingers tussen de mijne, druk me tegen hem aan. Ik wil dat hij me vastpakt! Hij is nog warm – en weer is er die hoop: doden zijn immers koud? Met mijn natte gezicht tegen het zijne fluister ik – of is het een schreeuw? – zijn naam: 'John... jongetje ... word wakker, word wakker...'

Ik til het laken verder op, zie dat hij alleen zijn natte zwembroekje aanheeft en denk: zo vat hij nog kou. Hij heeft wat blauwe plekken die, naarmate de minuten verstrijken, zichtbaar groter worden, naar men zegt een 'normaal' verschijnsel – bij doden. Ik kijk er met ontzetting naar. In mijn armen voel ik de warmte uit Johns lichaam wegtrekken, hem langzaam verkillen. Het gruwelijke begint tot me door te dringen: het is Kerstmis en mijn eerstgeboren zoon is op dertienjarige leeftijd een lijk aan het worden. Mijn-kind-is-dood. Ik wil, kan het niet geloven.

De tijd staat stil, de wereld staat stil, onze levens staan stil. Alsof ik zelf aan het sterven ben of op z'n minst gek aan het worden. De verschrikking blijft met zware mokerslagen op me inhameren. Dit kan niet waar zijn. Wie laat zoiets afschuwelijks gebeuren? Wie is hier verantwoordelijk voor?

We horen een vaag verhaal over een pomp en een afvoerrooster, waarlangs het water gewoonlijk het bassin bínnenstroomt en waardoor het bij vele zwemmers bekende massage-effect ontstaat wanneer ze ervoor gaan zitten. Een 'lekker gevoel' dat John en Mark noodlottig werd, want dit keer is het water met een kracht van veertig kubieke meter per halfuur wéggezogen en zaten de jongens als bierviltjes vast aan de slang van een stofzuiger. En niemand heeft iets gezien.

De verpleger brengt ons naar een wachtkamertje. John moet wat opgeknapt worden voor zijn broertje en zusje, die nog nergens van weten. Terwijl hun vader hen thuis gaat ophalen, sleep ik me naar de toiletruimte. Het dreunen in mijn hoofd zwelt aan, mijn hele lichaam doet pijn. Mijn voorhoofd bonkt tegen de spiegel waarin ik verdwaasd kijk naar die vrouw die er opeens stokoud uitziet. De mascara is uitgelopen tot donkere vegen die de kringen onder mijn ogen accentueren en het is alsof ik mijn eigen schedel door de grauw geworden huid zie grijnzen. Ik buig mijn hoofd over het wasbakje, klets koud water in mijn gezicht en kijk niet meer in de spiegel.

In het ziekenhuis hangt een akelige – doodse – stilte. Ik dool door de gangen, zoek steun aan de muren, wil alleen zijn en ben dat ook, want verplegers en artsen lijken opeens van de aardbodem verdwenen. Maar er zijn ogenblikken in een mensenleven waarop je niet alleen kunt zijn en ik geef me over aan de omhelzing van mijn schoonzusje dat opeens achter me staat. Ik voel me als een lappenpop die geknuffeld wordt, weet dat er armen om me heen liggen, maar voel ze niet. Samen met John ben ik bevroren, samen met hem wil ik sterven. Binnen een uur ben ik veranderd in een automaat. Met bleke, betraande gezichten komen Tanja en Tom het kamertje binnen. Mijn armen zijn weer eens te kort om de mensen van wie ik net zoveel hou als van John tegen me aan te drukken, en voor het eerst vind ik geen woorden om kinderverdriet te troosten. Dicht bij elkaar zoeken we wat warmte en troost.

John ligt nu in het dodenhuisje, gewassen en gekamd, vredig. Tom loopt meteen weer naar buiten, waar een verpleger zich over hem ontfermt. Tanja vermant zich en ik durf haar niet aan te kijken. Mijn man verbergt zijn gezicht in een doorweekte zakdoek. Waar worden tranen eigenlijk opgeslagen? Achter je ogen – in je hart – of in je ziel?
    Als we weggaan krijgen we Johns zwemtas mee.

Thuis is alles en niets veranderd. De houtblokken smeulen nog wat na, de elektrisch in leven gehouden kaarsjes in de boom hebben hun bekoring verloren en met afkeer wend ik mijn blik af van de tafel met lekkernijen en de gezinsfoto aan de muur. De foto waar we lachend op staan, John dicht naast me, een hand ligt op zijn schouder. John, die nooit meer thuis zal komen, die zijn pakjes niet meer onder de kerstboom zal leggen en er geen meer zal uitpakken. De croissant voor zijn vader ligt op een bordje uit te drogen. Had ik het hem maar na het zwemmen laten halen...

De gezelligste avond van het jaar is de gruwelijkste avond van het jaar geworden. En die stomme kanarie die maar blijft doorkwetteren. Struikelend over elk woord als over even zoveel hinderpalen, bellen we familieleden en kennissen. Met Tanja en Tom tegen me aan zit ik op de bank verdwaasd naar de gloeiende houtskoolrestjes in de open haard te staren. Hoe kan ik het leed van deze twee kinderen draaglijk maken? Is het wel draaglijk?

Geschrokken, huilende mensen druppelen binnen. Niet voor lang, en wij begrijpen best dat iedereen vanavond bij zijn eigen gezin hoort. In plaats van naar de kerstnachtdienst te gaan, zijn we al gauw overgeleverd aan onszelf, onze eenzaamheid en de nachtmerrie die maar geen einde wil nemen. Twee dames op leeftijd die wél gaan worden vlak bij de kerk aangereden en de oudste bezwijkt aan haar verwondingen. De agenten die net twee jongensfietsen bij het zwembad hebben opgehaald reageren hun frustratie af op de dronken automobilist. Tegen middernacht slepen we onszelf de trap op en leggen de matrassen van de kinderen op onze kamer. Deze nacht willen we samen zijn. Boven het echtelijke bed staan de twee keramieken pinguins, Johns lievelingsdieren, die we van hem kregen, met een kaartje in hartvorm erbij: 'I love papa en mama.' Ik weet het zeker: met de wereld zal het voor mij nooit meer goed komen.

Woensdag, 25 december

We zitten aan een wit, rond tuintafeltje, in een glooiend, groen landschap. Een *golden country*, zonder horizon, badend in een bijna bovennatuurlijk licht. Een omgeving vol vrede en gelukzaligheid. Ik draag een witte jurk in Laura Ashley-stijl. Tegenover mij zit Boudewijn, de schrijver. Het is niet duidelijk of we praten, maar het beeld is volkomen harmonisch. Plotseling mis ik John en samen met Boudewijn en anderen die opeens verschijnen, gaan we op zoek. Maar John blijft spoorloos. Dan vervaagt de droom.

In het zwakke ochtendlicht hoor ik de kinderen onrustig woelen en voel ik mijn man naast me schokken. Ook hij heeft gedroomd. Over Tanja en Tom, die, hoe vreemd, de gelaatstrekken van zijn oudere broer had gekregen. In zijn geboorteplaats waren ook zij op zoek gegaan naar de verdwenen John. Maar toen werd alles en iedereen bedolven onder een plotselinge lawine. Alleen, in een puinhoop van sneeuw en ijs, had hij vertwijfeld en tevergeefs geprobeerd de kinderen te redden. We drogen ons leed met dezelfde zakdoek. Tanja blijkt ook gedroomd te hebben. Ze zag zichzelf met John naar de sporthal fietsen, een vertrouwd tafereel, behalve die man in het struikgewas die

John doodschiet en zij, die opeens een revolver in de hand houdt en hem ook gebruikt. Oog om oog. Toms droom speelde zich af op zijn kamer, waar John binnenstapte en halskettinkjes met hem ruilde.

Later horen we dat het drama tijdens de ochtenddiensten in de plaatselijke kerken bekend is gemaakt. 'Ik sta hier vandaag niet voor jullie, maar om mijn eigen geloof terug te vinden', maakt de dominee zijn verbouwereerde gemeente duidelijk. Die gemeente is verbijsterd en geschokt.

Tegen elven gaan we naar beneden. Het is kerstfeest. Er wordt een kaarsje aangestoken. Een eeuwig lichtje voor John. De tafel van de vorige avond wordt afgeruimd, het onaangeroerde eten in de koelkast gezet. We maken het ontbijt klaar. Vier, nooit meer vijf. Ik zet een eierdopje terug in de kast. Krijg nauwelijks een kop thee door mijn keel.

We lopen verdwaasd langs elkaar heen of hangen zwijgend op de bank. De cadeautjes liggen nog steeds onuitgepakt onder de kerstboom en ik zie Tanja en Tom, afleiding zoekend bij een boek, er af en toe naar kijken.

Ik ben de eerste die Johns kamer durft binnen te stappen. Vroeger had ik weleens geprobeerd me voor te stellen hoe dat zijn zou: de kamer van een overleden kind binnengaan, daar geconfronteerd worden met alle spulletjes en herinneringen, een heel kinderleven opgeslagen binnen een paar vierkante meter. Ik had gedacht waanzinnig te zullen worden. Nu sta ik met blinde ogen rond te kijken. Ik pak de zwemtas uit: zijn kleren, een leeg portemonneetje en elastiekjes voor zijn beugeltje.

Tanja en Tom zetten ononderbroken koffie voor de stroom bezoekers, die schoorvoetend binnensijpelt, figuranten in een absurd stuk. Zijn het er tien, honderden? 'Blijf maar zitten, mam.' En mam blijft zitten, met haar handen in haar schoot. Soms schaamt ze zich, omdat ze even geen tranen meer over heeft, de bezoeker zelfs harder staat te snikken dan zij en ze hém troosten moet. Het besef dat zoveel mensen van haar zoon hielden is als een dun laagje balsem op een onheelbare wond. Maar er is ook wantrouwen: waar eindigt medeleven en begint nieuwsgierigheid? En er zijn de goedbedoelde blunders: zij die met hun levende kinderen op de stoep staan. Iedere bezoeker vertrekt ook weer, de een wat sneller dan de ander. Ieder huis heeft zijn eigen kruis.

Een delegatie van het zwembad komt ook haar medeleven betuigen. 'Als ik er was geweest, was dit nooit gebeurd', beweert de bedrijfsleider, die dus goed blijkt te weten wat er kon gebeuren. Weggezonken op de bank vertelt hij doodgemoedereerd hoe hij nog niet zo lang geleden tijdens schoonmaakwerkzaamheden zelf bijna zo'n rooster ingezogen werd. Waarom geef ik die man nog koffie in plaats van hem aan de deur te zetten? Zijn collega's zitten ongemakkelijk heen en weer te schuiven. Het drietal weet niet hoe snel het weg moet komen.

Uiteindelijk worden de cadeautjes toch maar uitgepakt. Ook die van John. Ik zit met een doos *luxury* zeepjes op schoot, lichtblauw, speciaal voor mij uitgekozen. Maar mijn huid zal nooit naar *Edenfield English Hyacinth* ruiken. Het doosje bonbons blijft dagenlang onaangeroerd op een tafeltje staan – 'Welke vindt mijn vader het lekkerst?'

had John, zo hoorde ik later, aan de winkelier gevraagd en die wist zeker: 'Allemaal!'

Tom is blij met zijn piratenschip, maar probeert zijn enthousiasme in te tomen. Voor Tanja heeft John een boek gekocht: *Ons Gezin,* bladzij na bladzij de aquarellen van Carl Larsson, overlopend van de liefde van de schilder voor zijn vrouw en kinderen. Gelukkige gezinnen, ze hebben altijd bestaan, maar ook bij de Larssons liet de Dood zijn oog laten vallen op een van de jongetjes. De Dood laat bij voorkeur zijn oog vallen op gelukkige gezinnen. De cadeautjes voor John worden niet uitgepakt; we bewaren ze in het glimmende kerstpapier.

Donderdag, 26 december

De zeeman komt langs en laat de schriftelijke bewijsstukken van zijn opleiding reanimatie en de herhalingscursussen zien. Aan hem heeft het niet gelegen. En de dominee komt nog steeds woorden tekort. Twee kinderen, voor wie God nu moet zorgen. Zijn 'waarom' weegt even zwaar als het onze. Wie weet, misschien zelfs zwaarder. Daarom krijgt ook hij koffie.

Ondertussen moeten wij ervoor zorgen dat ons kind afscheid neemt van de wereld volgens de normen van een beschaafde samenleving. Er moeten rouwkaarten gedrukt worden en tientallen enveloppen geschreven: Lieve mensen, ons kind is dood.

Mijn bewustzijn lijkt uitgeschakeld, slechts mijn zintuigen verbinden me nog met de wereld.

De begrafenisondernemer vraagt om kleren. Nu John ligt opgebaard, lijkt gewone jongenskleding hem gepaster dan een anonieme lijkwade. Hij vraagt ook om een geurtje; 'iets lekkers van de moeder' lijkt hem het meest geschikt. Ik moet weer Johns kamer in, maak automatisch een bundeltje van een onderbroek, een hemd, een trui, de nieuwe broek – net als toen hij nog klein was en ik zijn kleren voor de volgende dag klaarlegde – en druk ze tegen mijn hart. Toen ik nog niet zo lang geleden een televisieprogramma over kinderen in coma had gezien, kinderen die gezond waren geweest maar door een val of een ziekte zuurstofgebrek en hersenletsel hadden opgelopen, had ik even gedacht: zo'n kind kan maar beter dood zijn. Een zinloos bestaan leek het mij, het woord 'leven' niet waardig, en wat een martelgang voor de ouders. Verwonderd had ik me afgevraagd hoe die het konden volhouden om zo'n 'dood' kind te knuffelen zonder zelf een armpje om hun hals te voelen, te hopen tegen beter weten in. Nu míjn kind écht dood is, begrijp ik het allemaal.

Ik geef de begrafenisondernemer mijn flesje lievelingsparfum mee: Eternity.

Vrijdag, 27 december

De confrontatie met de ouders van Mark. Toen onze jongens klein waren, hielpen wij, de moeders, 's zomers tijdens de Speelweek een tent vol kleuters met knutselen en spelletjes doen. Na zo'n week waren we bekaf. Er zijn nog foto's van. Twee hummels van zes, tong uit de mond, ijverig bezig met vingerverf, kunstwerkjes fabricerend die eerst een poosje de woonkamer sierden en waarvan de minst mooie in een later stadium discreet bij het grofvuil belandden. Prulletjes waar we nu een fortuin aan zouden besteden om ze terug te krijgen.

Nu onze jongens groot zijn, liggen ze gescheiden in twee rouwkamers met grote kaarsen naast hun open kist – 'Hij was al zo groot, we moesten een volwassenenmaat nemen.' In die ene kist ligt ons kind, vredig ingebed in zacht, wit satijn. Lijkbleek. IJskoud. De ogen voor eeuwig gesloten, de handen gevouwen, keurig gekleed, alsof hij op visite ging. 'Zit zijn haar goed zo?' vraagt de begrafenisondernemer. Oh ja, het zit goed. Het heeft nog nooit zo goed gezeten.

Wat doe ik in een rouwkamer bij het lijk van mijn kind?

Ik wrijf over de plek waar zijn hart hoort te kloppen. Waar blijven nu al die wonderen en mirakels? Ik strooi witte bloemetjes om John heen, leg een foto van het gezin naast hem en zijn oude pinguïn. Hij mag niet alleen vertrekken, moet toch één vertrouwd iemand bij zich hebben.

Zaterdag, 28 december

De laatste dag dat we hem mogen 'bezoeken'. En zo ruik ik mezelf als ik mijn dode zoon voor de allerlaatste keer op het koele voorhoofd zoen. Eternity. 'Liever niet meer op de mond, mevrouw...' Vaarwel, lieve jongen. Er liggen veel bloemen in de rouwkamer, en kaarten met woorden die troosten moeten en het niet kunnen. Johns klasgenoten hebben op hun eigen manier afscheid genomen, hun foto in een agenda geplakt en bij hem neergelegd. Vooral de meisjes hebben woorden weten te vinden waar volwassenen misschien lang over na zouden moeten denken, zoals: 'Je zult nooit echt dood zijn. Want je sterft pas als geen hart meer voor je openstaat', en 'Liever mét jou in de hemel, dan alleen in onze boomhut.' Nee, hij zal niet alleen vertrekken. De liefde en vriendschap van velen gaan met hem mee. En waaraan kan men zich beter warmen?

Ook Tanja en Tom zien hun broertje nu voor het laatst. Nooit meer om hem lachen, nooit meer ruziemaken. Het doodsboeket van het zwembad laten we verwijderen. Eenmaal buiten raak ik die weeïge geur uit de rouwkamer niet meer kwijt. De geur van de dood.

En dan komt na de verstening de uitbarsting. Brullen, schreeuwen, trappen, de drang om weg te lopen, weg, weg, weg. En in de buitenwereld draait alles maar verder, er lopen nog steeds mensen rond, levend en wel. Waarom spat de wereld niet uit elkaar? Hartelozen! Mijn kind is dood!

En opeens ben ik echt 'weg'.

Ik kom bij door een nat washandje in mijn gezicht.

Die avond belt een klasgenootje aan. Het dappere meisje brengt ons een vleugje troost. In een droom heeft ze John gezien, die haar vroeg ons te komen vertellen dat wij niet zo treurig moeten zijn. Waar hij nu is, heeft hij het goed.

Zondag, 29 december

Ik voel me alsof ik zelf ook niet meer van deze aarde ben en dreig onder een zwaar gewicht in elkaar te storten. Mijn gezicht is een broedplaats van pukkels geworden, door mijn hoofd davert een colonne legertanks en zwermen insecten suizen in mijn oren. Vel over been en een hart dat waarschuwingssignalen uitzendt. Slaappillen, door buurvrouwen aangeleverde potten bouillon en het door eega in pannetjes warme melk aangeroerde astronautenvoer houden me op de been. Waarom slik ik dat allemaal nog door en laat ik mezelf niet gewoon doodgaan nu ik zo goed op weg lijk te zijn? Want dat zozeer geprezen leven, wat is dat nu helemaal? Meer dan ooit ben ik ervan overtuigd dat het slechts één grote hallucinatie is, een gigantische vergissing, een wreed misverstand, een macabere grap. 'Is niet alles dood in het leven?' vroeg Verdi zich af toen hij vrouw en kinderen kwijtraakte. Mensen hangen als marionetten aan onzichtbare touwtjes en het lijkt wel alsof iemand een gruwelijk spel met hen speelt. Alles is een kwestie van afwachten. John is dood. Nummer één. Wie zal nummer twee worden? Een nieuwe versie van *Tien Kleine Negertjes*.

Met tegenzin stap ik onder de douche; ik moet kleren aantrekken, de donkerste die ik heb, de vermomming als oude vrouw die tot dusver nog rustig in me sluimerde. En dan nog zijn er beslist oude vrouwen met meer fut, energie en levenslust. Ik zou naar de kapper moeten, weg lange haren en ijdelheid. Maar aangestaard worden in een kakelende kapsalon? Nee.

Ik vraag de kappende buurjongen om me thuis te komen kortwieken. Want hoe dan ook wil ik verzorgd voor de dag komen, mijn gezin – en eigenlijk geldt dat ook voor mezelf – verdient geen slons. John zou het ook maar treurig vinden, hij die altijd zo trots was als zijn vriendjes zeiden dat hij zo'n leuke moeder had. Maar wat moet ik nog met al die potjes en doosjes met vrolijke kleuren? *Laat U voor de feestdagen inspireren door de kleurige maquillage Khadija.* Uit Magere Hein valt geen inspiratie te putten en het kan me ook niets meer schelen. Allemaal verleden tijd. Toen ik nog niet de moeder van een dood kind was.

Het blijft maar door mijn hoofd dreunen: ik ben de moeder van een dood kind, ik ben de moeder van een dood kind... Voor de spiegel kijk ik mezelf voorbij en blijf maar denken: waarom ik, waarom wij? Maar dat uitgemergelde mens in het glas kaatst brutaal terug: Waarom jij niet? Waarom jullie niet? Je moet 's wat bescheidener worden, jij. Rampen overkomen heus niet alleen maar anderen.

Maandag, 30 december

Vandaag wordt de kist voorgoed gesloten. Morgen is de begrafenis. Begraven betekent tenminste nog een plekje waar je altijd heen kunt. We willen alles in stilte laten gebeuren – wij met hem, ons gezin, zoals we ook het liefst leefden. De begrafenisondernemer vindt echter dat we onszelf belangrijk medeleven ontzeggen en dat konden we weleens nodig hebben. Hij spreekt uit ervaring, loopt al zoveel jaren mee. En ontzeggen we ook anderen niet de kans om dit kind de laatste eer te bewijzen? Moet zó'n jongen in eenzaamheid naar zijn laatste rustoord gebracht worden? Zoals *Amadeus*, bedenk ik opeens, me herinnerend hoe zielig John dat aan het eind van de film had gevonden. We laten ons overtuigen. Onze jongen heeft recht op alle liefde die hij krijgen kan. Ik schrijf een gedichtje voor mijn zoon, de laatste woorden van liefde die ik hem nog kan meegeven, het enige waartoe mijn brein in staat is.

> *Kwart over zeven*
> *Ons huis begint te leven*
> *Je stappen op de twaalf treden*
> *Je was altijd het eerst beneden.*

Als ik me losruk van mijn bed
Heb jij de thee al klaargezet
Een kus Hoi mam Een lach
Een boterham met hagelslag
Je schoenen aan, je jas
Een appel in je boekentas
Zeker weten? Niets vergeten?
Je beker en je eten?
Geen schrift? Een tekening? Een boek?
Je vrienden wachten op de hoek!
Je zwaait. Mijn glimlach achter glas
Alsof geluk voor eeuwig was.
Zo was het elke ochtend weer
Om kwart over zeven.

Dinsdag, 31 december

Een zonnige dag met een strakblauwe hemel en een droge, tintelende vrieslucht. De lijkwagen komt de straat inrijden, stopt voor het huis. Kan dat dan, dat een lijkwagen je straat komt inrijden, voor je huis stopt en dat je kind erin ligt? Vannacht heeft de hemel zijn witte rouwkleed over het dorp uitgespreid. De begrafenisondernemer loodst ons een volgwagen in en de dodenmars zet zich in beweging. Mensen blijven staan, een bejaarde man stapt van zijn fiets en neemt zijn pet af, de stoet heeft voorrang bij de kruispunten. Weggedoken op de achterbank, tussen man en kinderen, staar ik verdwaasd naar die lange, zwarte auto vóór me. Dit gebeurt niet echt. Zoiets gebeurt niet echt.

Maar de kerkklokken luiden echt, op het schoolplein hangt de vlag echt halfstok. Het dorp rouwt om mijn zoon. Men fluistert dat de kerk helemaal vol is, zegt dat dit bijzonder is voor een begrafenis, zeker op de ochtend van oudejaarsdag... Men zegt zoveel wat ik niet wil horen. '... tot God geroepen... Gods wil... Gods wegen zijn ondoorgrondelijk... zijn tijd was gekomen...' Een kind van dertien? De hand van God heeft toegeslagen, verpakt in een bokshandschoen.

Als verdoofd laat ik me naar mijn plaats leiden, ga zitten, volg automatisch de rituele handelingen. De dienst gaat aan me voorbij. Ik zie alleen die kist pal voor mijn neus en in die kist ligt John. Mijn hart, mijn hersens zitten in een zware schroef geklemd, alles binnen in me lijkt dichtgeslibd. Zal er ooit nog iets in me gaan vloeien – behalve tranen? Mijn gedicht wordt voorgelezen, je kunt een speld horen vallen. Geen kuch, wel veel zakdoeken. De dominee leest met bevende stem een gedicht van Vasalis voor, dat de wethouder van cultuur ons als woorden van troost heeft toegezonden: '*Wie het niet ervaren heeft, die weet het niet.*'

Johns vriendjes, ze zitten erbij alsof ze die kist met hand en tand willen verdedigen, en huilen. Zoals zo vaak de laatste week krijg ik een zakdoek toegestopt, want zelfs vandaag ben ik de mijne vergeten. Langzaam rijden de auto's naar de begraafplaats, het bolwerk van de dood, ons thuisland. Meteen achter de familie fietsen Johns vrienden en vriendinnen, zijn klasgenoten, jongens en meisjes die, net als wij, tot dan allemaal hadden gedacht dat de dood iets was voor oude mensen. Die kinderen, in hun winterjassen, met dikke ogen en rode neuzen, bleek en verdrietig, vormen een levende aanklacht tegen een dood die ze niet kunnen begrijpen, die niemand kan begrijpen, en die hen net zo goed had kunnen overkomen. De aanblik van die lange heroïsche rij kinderen zal me altijd bijblijven.

Het is een mooi kerkhof, midden in het bos, verzorgde, symmetrisch aangelegde paden, hemelse rust en stilte. De afgelopen dagen was het nat, druilerig weer, maar nu is het oord veranderd in een sprookjesachtig winterlandschap. Knarsend door de ongerepte sneeuw wordt de afstand tot

Het Graf steeds kleiner. Tanja, Tom, neefjes en vriendjes rijden de baar naar het mooiste plekje, de rotonde, waar de zon als op commando door de droge vrieslucht breekt: welkom!

 Gebeden en bloemen – door sommigen niet gewaardeerd omdat de gebeden te mild en de bloemen te werelds zouden zijn. Allemaal voor ons kind, dat nu zachtjes in het pas gedolven graf wegglijdt en één zal worden met de aarde waarop het zo graag heeft geleefd. Ons kind dat we nooit, nooit meer zullen zien. Niet hier. Nooit meer knuffelen, nooit meer 'mam' en 'pap', zomaar een bloemetje of een gebakje, nooit meer een standje omdat ie-stiekem z'n tanden weer niet heeft gepoetst. Ik had liever gewild dat hij levenslang in coma zou zijn gebleven. Al hadden we niet meer met elkaar kunnen praten, dan hadden we elkaar nog kunnen voelen.

 De begrafenisondernemer vat met de aanwezigen de terugtocht aan. Wij willen alleen zijn en huilen. Met John hebben we een deel van onszelf begraven, ons leven zal inderdaad nooit meer worden zoals het was voor hij naar dat vervloekte zwembad ging. We strooien de laatste bloemen op de kist en moeten nu echt afscheid nemen. Mijn man tilt me op van de grond. De anderen wachten immers en ze beginnen het koud te krijgen.

Het condoleren lijkt geen einde te nemen. Mensen, mensen, hun blikken als even zovele weerspiegelingen van de verwilderde aanblik die wij hun bieden, misschien wel de aanblik van waanzinnigen.

 Als robots staan we handen te schudden, 'dankuweldankuwel' – waarvoor? – niet huilen, niet huilen. Mijn benen dreigen het opnieuw te begeven, ik ben zo moe, zo moe. 'Uw zoon is begraven als een vorst', troost de begrafenisondernemer als het eindelijk echt, echt allemaal voorbij is. Wij hadden liever gehad dat hij was blijven leven als de Kleine Prins die hij was.

Tanja en Tom gaan bij familie logeren. We zijn nu op elkaar aangewezen, vergeefs zoekend naar woorden om de drukkende stilte te verbreken. We hadden ons willen verstoppen in de Ardense bossen, maar de uren strijken voorbij zonder dat we ons kunnen losrukken van onszelf, van John. We kunnen hem toch niet achterlaten, gaan liever iedere dag naar zijn graf. Wat moet je ook in een of ander hotel? Je verdriet sleep je toch overal mee naartoe en waar je ook bent, overal krijg je te maken met mensen die je zullen aanstaren; alweer zoveel spiegels waarin we ons eigen leed zullen ontmoeten. Mensen die niet voelen wat wij voelen en die geen last hebben van feestvreugde en showprogramma's op de televisie. Binnen onze eigen vier muren kunnen we met onze ellende gewoon op de bank onder een deken kruipen en ons gezicht naar de muur keren. Je kunt jezelf toch niet ontlopen. In plaats van een reistas in te pakken zie ik mezelf opeens met een stofdoek wapperen.

Oud en Nieuw. De geur van oliebollen hangt in de lucht, er wordt voor miljoenen de nacht ingeschoten en Nederland hangt vol goede voornemens voor de kijkbuis naar de capriolen van een cabaretier te gapen. In de plaatselijke discotheken schijnt het de afgelopen dagen maar een 'dooie' boel geweest te zijn, de jeugd treurt mee. Maar net als gisteren, toen Mark werd gecremeerd, houdt 'Het mooiste zwembad van de Heuvelrug met de laagste toegangsprijs én de laagste gemeentesubsidie' – en het hoogste aantal drenkelingen – ook vandaag zijn deuren wijd en uitnodigend open. *Pecunia non olet.* Toch lijkt het mij uitkijken geblazen, want op oudejaarsavond zou het personeel misschien ook wel vroeg achter de appelflappen willen zitten.

Om twaalf uur staan mijn man en ik tegenover elkaar en weten nog steeds niet wat we zeggen moeten. Wat valt er nog te zeggen? Een week geleden hadden we nog een zoon, nu een mandje met condoléancekaarten, zelfs meer dan de jaarlijkse stapel kerstkaarten, dat dagelijks aangevuld wordt.

We houden elkaar zwijgend vast alsof we nooit meer los willen laten. Dit jaar wordt de champagne niet ontkurkt. Buiten wordt de nachtelijke hemel door vuurwerkgedonder uit elkaar gereten. Het dorp is alweer op gang gekomen en in feite heeft het nooit stilgestaan. Gelukkig Nieuwjaar. Op oudejaarsavond nemen wij het besluit om alvast ons eigen graf naast dat van ons dode kind te reserveren. Oud en Nieuw. Vanavond breekt voor ons een nieuwe tijdrekening aan: vóór John en ná John. Het Jaar Nul.

HET JAAR NUL

Hoe zal ik de oneindige gramschap en
Oneindige wanhoop ontvluchten?
Waar ik ook vlucht is de hel; ik zelf ben de hel;
En in de diepste afgrond gaapt een
Nieuwe afgrond, dreigend, om me te verslinden,
Waarbij de eerste hel een hemel leek...

JOHN MILTON, *Paradise Lost*

Kort na Johns begrafenis hebben joodse vrienden met ons *sjiwwe* gezeten. Een nacht van praten en zwijgen, van troost en solidariteit met de rouwenden, waarin onze handen zowel figuurlijk als letterlijk worden vastgehouden. Een aangrijpend ritueel, als een warme deken in een koude winternacht. Maar het leven gaat verder. Mensen scheiden of gaan failliet, de kat komt onder een auto of die auto is total loss, de vader van een groot gezin is zijn baan kwijt en mijn hulpje is ongewenst zwanger. Het zal me allemaal een zorg zijn. Laat iedereen me in vredesnaam zijn probleempjes besparen. Een kat en een auto zijn vervangbaar en een kerel die je eigenlijk graag kwijt wilde al helemaal. Het arbeidsbureau heeft vast wel een of andere klus en met een zoveelmiljardste wereldburger kun je heel gelukkig zijn – gesteld dat hij blijft leven. Niet zeuren. Zij hebben in ieder geval al hun kinderen nog, er komen er zelfs bij.

Na de kerstvakantie wordt bij het poortje achter de tuin weer driftig uitgezwaaid. Met een verstarde glimlach staan we achter het keukenraam. We moeten de kinderen loslaten, mogen hen niet verstikken met onze mateloze angst, het gevoel dat er een vloek op ons gezin ligt, dat alles nu nog maar een kwestie is van tijd tot die boze, wrede wereld daarbuiten, waartegen ze zich zo beschut voelden, ook hen zal verpletteren. Het groepje jongens op de straathoek wacht niet langer op John. Soms zou ik met hen over hem willen praten, bijvoorbeeld met het vriendje met wie hij spoorlijnen in mekaar zette en die nog steeds trouw iedere dag de krant door de brievenbus stopt, maar nooit meer naar binnen kijkt. Ik durf het niet te vragen en uit zichzelf komen ze niet. Ook dat doet pijn. Alsof wij hem als enigen nog niet zijn vergeten.

John kon tussen de middag op school overblijven, maar haastte zich naar huis, naar mij, de wentelteefjes en het kletsen – veel gezelliger – en vertrok dan weer. Ik gedijde in zijn kinderliefde, zoals hij opbloeide in onze ouderliefde. Wat gaf het dat ik hem af en toe met een washandje achter de vodden moest zitten? Wassen was tijdverlies wanneer buiten alweer een vriend stond te wachten. Nu brengt een leraar de achtergebleven spulletjes, tekeningen en werkstukken langs; een vader restitueert elektrische treintjes en bij Mark stond zijn radiootje nog op de kamer.

Als de jongens 's middags weer naar huis fietsen heb ik het idee dat ik John langs de coniferen zie flitsen, dat ik het poortje hoor dichtslaan – ach nee, het was dat van de buren – dat de keukendeur openzwaait 'Hoi-mam-heb-je-wat-lekkers?' Dan prik ik me weleens bij de zoveelste kruissteek, want domweg dagen na elkaar zitten borduren is het enige waartoe ik in staat ben. Als een verdwaasde Penelope wachtend op een geliefde die nooit meer van zijn lange odyssee zal wederkeren. Alleen trek ik niet, zoals zij, aan het eind van de dag alle draden er weer uit om de volgende dag opnieuw te beginnen, en zo komt Tanja's lap met vlinders toch nog af.

Op een avond zitten we wezenloos met een dikke brochure op de knieën. 'Levering van alle soorten nieuwe grafgedenktekens, grafmonumenten, zerken, etcetera', geïllustreerd met vijftig scherpe kleurenfoto's van alle mogelijke modellen – inscriptie uiteraard naar wens van de klant. Het kan niet waar zijn dat ik beheerst een grafsteen voor mijn zoon aan het uitzoeken ben zoals je in een catalogus van een postorderbedrijf bladert. In het vakjargon wordt hier niet over 'mooi' gepraat, maar over 'gepast'. Wij moeten een 'gepast' model voor een dertienjarige jongen uitzoeken. We hadden liever een mooie fiets voor zijn verjaardag aangewezen.

In het gezin waar vroeger gelachen en gepraat werd, weegt nu een drukkende stilte. Iedereen loopt op de toppen van zijn tenen – voorzichtig, voorzichtig – om toch maar niet op de gevoelens van de anderen te trappen. Ik sta versteld van de intuïtie die jonge mensen, kinderen nog maar, daarbij aan de dag weten te leggen en van de omzichtigheid waarmee Tanja en Tom, zelf ingekapseld in hun verdriet, ons ouders, die onhandige volwassenen, proberen op te vangen. Maar ze zwijgen – als het graf. Het beangstigt me om te moeten toezien hoe mijn twee andere kinderen innerlijk lijken te zijn dichtgeklapt, maar naar buiten toe kunnen doen alsof er niets is gebeurd. Popmuziek, schoolfeestjes, favoriete televisieseries, het gaat allemaal gewoon door en diep in mijn hart verdenk ik hen zelfs van harteloosheid, al kan ik mijn ogen niet sluiten voor Johns foto's die op hun kamer staan. Wat zou ik dan willen? Hen stilletjes zien wegkwijnen?

Ik zou willen dat ze niet in dat grote verdriet gevangen zaten en probeer gesprekken op gang te brengen. Maar Tanja is gesloten als een bankkluis en wij weten niets van haar tranen en haar regelmatig terugkerende nachtmerries, het lukt niet om de cijfercombinatie tot haar ziel te vinden en ik wil het slot niet forceren. 'Slaap je goed?' – 'Ja, hoor.' – 'Gaat het op school? Kun je je concentreren?' – 'Ja, hoor.' – 'Als je wilt praten, dan kan dat altijd.' – 'Já-haa...'

Ik raak overstuur van dat zwijgen.

In de supermarkt wordt ze betrapt op een diefstalletje, een stom zakje M&M's; vóór een repetitie komt ze niet opdagen en iemand ziet haar midden op de dag, wanneer ze op school hoort te zijn, op een bankje in het dorp zitten. Niemand begrijpt dat Tanja haar tweelingziel heeft verloren; de broer met wie ze altijd samen was, alles besprak. Het is vanaf nu Tanja en Tom: maar het lukt niet om van de ene op de andere dag een draaglijke modus vivendi te vinden. Ze doen hun best, blijkbaar in het besef dat ze samen een nieuwe zuster-broerband moeten opbouwen. Maar de kloof die John heet, blijft bestaan.

Tom praat in de nachtelijke beschutting van zijn bed liever met 'beertje', die hij deelgenoot van een loodzwaar schuldgevoel maakt. Overdag blijft hij zo veel mogelijk alleen op zijn kamer, waar hij toneelstukjes opvoert met Playmobilpoppetjes. Als hij eindelijk ook met ons begint te praten, blijkt dat hij kort voor Johns overlijden, na een zoveelste onbenullige ruzie, in zijn dagboekje diens dood gewenst heeft. Ik probeer hem te verlossen van de last op zijn ziel, het ís niet zijn schuld dat zijn broer er niet meer is. Maar van de prepuber die hij al duidelijk aan het worden was, zie ik Tom afglijden. Het lijkt wel alsof hij in Johns huid wil kruipen. De dag na zijn overlijden zat hij al op diens stoel, opeens interesseert ook hij zich hevig voor automerken, doet klusjes die John altijd deed. Ik leg hem uit dat niemand van hem verwacht dat hij zijn plaats inneemt, ieder mens is uniek, ook jij, Tom, en daarom houden we van je zoals jíj bent. Niemand zou immers jóúw plaats kunnen innemen en dat zou je toch ook niet willen? Ratio, ratio. Maar ik betrap me erop dat ik Tanja en Tom wél met John vergelijk, overeenkomsten zoek die ik niet kan vinden, en ontgoocheld en beschaamd probeer ik mijn lelijke gedachten te smoren.

Op een dag zie ik Tom met een zwarte viltstift de betreffende passage in zijn dagboek onleesbaar maken. Alsof het er nooit gestaan heeft. En dan wil hij per se alléén naar het kerkhof, hij heeft daar iets recht te zetten. Wanneer hij de dingen voor zichzelf kennelijk op een rijtje heeft, blijkt hij zowel geestelijk als lichamelijk gegroeid te zijn, alsof hij binnen een paar maanden twee jaren heeft overbrugd. Maar dan komen we erachter dat hij met vriendjes geesten probeert op te roepen.

Het leven eist zijn rechten op. In de eerste plaats moet er brood op de plank komen. Dat brood zal voorlopig wat dunner gesmeerd worden, want hoog blijkt de drempel waarachter een treurende vader wacht op klanten. Wat zeg je immers tegen zo'n man? En als er dan toch iemand overheen stapt, wordt van die man verwacht dat hij andermans lachende kinderen vereeuwigt. Maar waar moet hij de creativiteit vandaan halen? De assistente heeft weinig meer te doen dan koffiezetten en een luisterend oor bieden.

Ondertussen zie ik hoe mijn echtgenoot met de dag meer gebukt gaat onder het verlies van onze zoon. Hij gaat roekelozer rijden, 'pratend' met John speelt hij via de kilometerteller een kat-en-muisspel met de dood. Pak me dan, als je kan. Soms stopt hij abrupt: die jongen daar leek net... En staat dan tegenover een knul die zijn zoon niet is en zich afvraagt waarom die vent in zijn auto zit te janken.

Ik kan nog geen nieuwe opdrachten aan. Ook na de kerstvakantie blijft mijn bureau opgeruimd; ik kom de werkkamer niet eens meer in. Maar vergeleken bij mijn echtgenoot bevind ik me eigenlijk in een bevoorrechte positie. Ik, die elke vrije minuut achter de toetsen zat, loop nu doelloos door het huis. En voel me de Griekse moeder die Zeus om het opperste geluk voor haar kinderen smeekte en hen ter plekke dood aan haar voeten zag neerzijgen.

Ik denk veel aan Romy Schneider, de heldin uit moderne filmtragedies die kon putten uit haar eigen leven. Na de dood van haar veertienjarige zoon raakte ook zij de zin van het leven en van het lijden kwijt en voelde ze nog slechts de bodemloze leegte van het Waarom. Ze stortte zich op een nieuwe film, droeg hem op aan David en overleed een jaar later. Slaappillen, zei de één. Een hartstilstand, dachten anderen. Een gebroken moederhart, meende haar ex-geliefde, acteur Alain Delon, die haar vrouwenhart al eerder had verbrijzeld. Misschien wel een combinatie van dit alles.

Ja, het leven gaat verder. Maar hoe moet ík verder? Bezwijken, wegglijden in omfloerste herinneringen of hoe dan ook nog proberen een zin in het leven te vinden. Tanja en Tom leven nog. Wat ze nodig hebben, is een gezin, ouders, en mochten die het vergeten, dan is de buitenwereld er wel om hen daar aan te herinneren. Maar wat een verscheurdheid! Ik raak het gevoel maar niet kwijt dat mijn dode kind me meer nodig heeft dan mijn levende kinderen. Het is al erg genoeg dat ik er niet was toen John – ik weet het zeker – het meest naar me verlangd moet hebben. Hij had me nodig en ik was er niet en dat blijft aan mijn ziel knagen. Ik was er niet, ik zat me voor de spiegel op te tutten voor het kerstfeest en ondertussen verkeerde mijn zoon in doodsangst. Ik kan hem toch niet nóg een keer in de steek laten, iedere seconde die ik nog ademhaal is een aanfluiting van mijn liefde voor hem. Er zijn moeders die van verdriet sterven. Waarom ik niet? Het is een zware last te moeten leven wanneer je niet meer wilt, weet dat het nooit meer zal zijn zoals het is geweest, denkt nooit meer echt gelukkig te kunnen zijn. Waarom moet ik nog jarenlang dat lichamelijke omhulsel meesjouwen, terwijl de geest is uitgedoofd en ik weet: toen ik veertig was, hield ik op met leven, en reikte mijn ziel al naar een andere wereld? Ik voel me als een oude boom, wiens wortels nog stevig in de aarde verankerd zijn, maar die nooit meer bloesems of vruchten zal dragen. Soms vrees ik – voor de anderen, alweer – dat ik niet blijvend weerstand zal kunnen bieden aan het dilemma doodsverlangen of verantwoordelijkheidsbesef en dat mijn gevoel mijn verstand met een harde dreun het zwijgen zal opleggen.

Ik zou het mezelf makkelijk kunnen maken. Op het graf gaan liggen en daar sterven van honger en kou. Ik zou naar het station kunnen gaan, zoals Anna Karenina, of als Sylvia Plath de gaskraan opendraaien. Maar ik kook elektrisch. Ik zou iets kunnen knutselen met een stofzuiger en een uitlaat, maar wat moeten de achterblijvers met een Nilfisk zonder slang? Er zijn er die het doen met een touw of met scheermesjes, maar mijn man scheert zich droog en ik weet niet eens hoe je zo'n knoop legt. Het zou een lachwekkende vertoning worden. Wapens? Sowieso niet; de kinderen mochten niet eens met een waterpistool spelen. Ik zou mezelf vanaf de Domtoren op het kerkplein kunnen storten of doelbewust met de fiets tegen een vijftonner aanrijden. Maar ik durf de straat niet eens meer op. Dan maar de goedgevulde pot met slaap- en kalmeringspillen binnen slikbereik? Kon ik de moed maar opbrengen – want laf ben ik ook nog – , dan zou ik willen doodgaan zoals híj en liep ik gewoon naar de vijver in het bos zoals Virginia Woolf. Wat een romantische dood. Ik zou me langzaam laten wegzinken en voelen wat mijn kind heeft gevoeld, weten wat het is, al weet ik het nog steeds, van toen ik negen was en in het water viel. Zoiets vergeet je van je leven niet.

Maar ik heb het overleefd.

Soms word ik daar behoorlijk opstandig van: zal ik niet eens mijn eigen dood mogen bepalen! Maar stel dat John helemaal niet blij zou zijn met mijn komst? Dat hij zegt: 'Mam, wat doe jíj hier? Je hoort hier niet. Je hebt de anderen in de steek gelaten. Je hoort bij hen, nog niet bij mij.' Stel. Tanja en Tom zouden hun leven lang denken dat ik minder van hen hield dan van John, dat zij mij niet dierbaar genoeg waren om verder te willen leven.

Toch blijf ik rondlopen met onvervulbare verlangens. Mijn oudste zoon. Kreeg ik maar een erge ziekte of een hartstilstand of een ongeval! Dan ging ik vanzelf wel dood, hoefde ik me niet ook nog schuldig te voelen, zou ik er niet verantwoordelijk voor gesteld kunnen worden: 'Egoïst!'

Ik begrijp steeds beter wat Johanna de Waanzinnige bezielde om maandenlang met het lijk van haar beminde echtgenoot Filips de Schone door Spanje te zeulen. Ben je waanzinnig als je tot in het diepste van je lijf van iemand houdt? En geen liefde is groter dan de liefde voor je kinderen. Hoewel Freud een verschil maakt tussen zonen en dochters. De band tussen dochters en vaders is bekend en volgens hem vindt een moeder 'alleen in de relatie met haar zoon onbegrensde voldoening; van alle menselijke betrekkingen is die in alle opzichten de meest volmaakte en minst ambivalente.'

Maar al moet ik dan met mezelf een tot-de-laatste-snik-contract opmaken, ik voorzie wel in een ontsnappings-clausule: de dag dat mijn andere kinderen volwassen zijn – dat zal niet eens meer zo lang duren – en ze mij niet meer nodig hebben, kan ik met een rustig geweten 'uitstappen'. Mijn man vindt vast nog wel een andere vrouw. Wanneer niemand het meer verwacht, iedereen ervan overtuigd zal zijn dat ik het wel heb 'verwerkt', ziedaar de verrassing. De zekerheid dat aan dit opgelegde leven hoe dan ook ooit een einde zal komen en dat ik dat zelf kan bepalen – zo hou ik me voor – is de enige troost om dat leven vol te houden. Ik zal nooit meer bang zijn voor de dood, maar hem verwelkomen als een lang verwachte gast.

Tegelijk met John lijkt alles gestorven te zijn. In een voortdurende toestand tussen dromen en waken – een duizelig gevoel alsof ik dronken ben, ik het niet ben die dit allemaal meemaakt en er middenin staat, maar een geest die al mijn handelingen nabootst – zie ik het leven, de anderen en mezelf als door melkglas. Elke ochtend, zodra mijn geest ontwaakt, tot in de nachtelijke uren wanneer ik wegsukkel in vergetelheid, zie ik mijn zoon en alle beelden van zijn dood op mijn netvlies. Ik zie ze alsof ik erbij was en naarmate de dagen voorbij gaan worden ze steeds helderder. Hij is zo dicht bij me dat ik hem zou kunnen omhelzen. God, álles zou ik geven, als dat maar even kon. Maar God wil niets van me weten. Het blijft doodstil daarboven en iedere ochtend stel ik vast dat ik wéér wakker ben geworden, nog steeds leef, me weer door een dag heen moet slepen, tot de nacht eindelijk weer even genade brengt door middel van een chemische slaap.

Hersenschimmen en waanideeën. Zoals John die 's nachts opeens naast mijn bed staat. Duidelijk. 'Een hallucinatie', beweren de nuchteren; 'een onderzielse aardbeving', zegt de poëet en zeker geen 'helder moment', zoals ik ergens las. Maar is een hallucinatie niet precies het meest heldere moment dat je kunt hebben? Het moment waarop je glashelder dingen ziet die anders onopgemerkt aan je bewustzijn zouden zijn voorbijgetrokken?

Iedere nacht lig ik nu op mijn zoon te wachten, misschien komt hij nog een keer. Maar hij laat zich nooit meer zien. Tenzij in dromen. Dan staat hij van die onderzoekstafel op en kijkt me glunderend aan: 'Hoi, mam!' Ook wanneer ik John in de schemerzone tussen nacht en ochtend plotseling 'ontmoet' in een rolstoel, verminkt maar levend, zijn armen om mijn armen en altijd dat lachende gezicht, weet ik dat dít slechts een bedrogen verlangen is. Als ik tien jaar jonger was zou ik me misschien nog met een nieuwe zwangerschap inlaten, met alle frustraties van dien. Want natuurlijk zou ik nooit meer John baren. Ook de gedachte aan een dertienjarige pleegzoon, liefst blond en lief, een jochie dat voor z'n ersatzmoeder wel eens een bloemetje of een puddingbroodje zou meebrengen, kan ik daarom maar beter uit mijn hoofd zetten.

Wat wij ook doen of proberen, steeds is John erbij en pas nu valt het me op dat een groot gedeelte van de wereldbevolking John blijkt te heten.

We zijn jarenlang geheelonthouders geweest, maar nu worden de wijn- en cognacglazen veelvuldig omgespoeld en liggen de asbakken vol met stinkende peuken. 'Die mensen van het zwembad hebben het vast ook niet makkelijk', waagt een enkele dappere op te merken.

'Je moet uitkijken dat je nu niet geleefd wordt.' Je moet dit wel, je moet dit niet... We worden overstelpt met goede bedoelingen, raad, adviezen, door anderen voor ons opgesteld. Het kan aangenaam zijn op andermans hulpvaardigheid te kunnen rekenen, maar wanneer de verdoving van de eerste weken langzaam begint weg te ebben en de aarde nog steeds rond de zon blijkt te draaien, krijgen wij een grote behoefte aan alleen gelaten worden. We willen niet over een aantal jaren moeten vaststellen dat we niet aan het rouwen zijn toegekomen. We hebben rust nodig. En willen steeds minder over John praten, tenzij binnen de bescherming van ons eigen slakkenhuisje, wanneer wíj het willen, en dan nog alleen met hen die ons dierbaar zijn, met hen die na de vloedgolf van belangstelling zijn achtergebleven op het verlaten strand. Een handjevol, maar voldoende, want de juisten. Hoewel, vreemd genoeg, ook enkelen zijn aangespoeld van wie we juist hadden verwacht dat ze zouden zijn verdwenen. 'Door die enkelen zul je nooit omver kunnen vallen', zegt de dominee in zijn wijsheid. Er vinden in die dagen heel wat verschuivingen plaats op het schaakbord der vriendschappen.

Iemand biedt aan om dagelijks een flinke boswandeling met me te maken. Een andere moeder die twee kinderen verloor zou op die manier na drie jaar over het verlies zijn heen gekomen. Eroverheen gekomen? Nooit kom je over de dood van je kinderen heen. Ik heb bewondering voor het altruïsme van degene die een dergelijke taak op zich durft te nemen, maar voor mij zou zo'n wandeling uitsluitend naar het graf van mijn zoon leiden. Bovendien schrikt de verplichting me af – iedere dag! Het zou al snel als een molensteen om mijn nek hangen. Ik moet een andere vorm vinden, al heb ik geen flauw vermoeden welke en of die wel bestaat.

Hoe maak je hun die je 'niet in de kou (willen) laten staan', die aan je 'blijven denken', die behoefte om met rust gelaten te worden duidelijk zonder hen te krenken in hun goede bedoelingen? Ondankbaar is de mens. En wispelturig. Sommigen weten dan ook niet zo goed meer wat ze met ons aan moeten; willen we wél, of juist niet? Anderen vinden dat we dan zelf maar het initiatief tot contact moeten nemen. En zo slinkt het aantal bezoekers langzaam maar zeker. Daar zitten we nu, met z'n viertjes of met z'n tweeën en we kunnen nog steeds de woorden voor elkaar niet vinden. In de angst voor het Grote Zwijgen wordt de telefoon weleens misbruikt: 'Vind je 't erg om even langs te komen?' Zelf gaan we maar schroomvallig bij anderen op bezoek; we begrijpen maar al te goed dat we nu niet bepaald het meest gezellige gezelschap zijn en ontwikkelen daar een feilloze radar voor. Bovendien ga ik dan ook het liefst meteen weer weg; de onrust en de knagende treurigheid doen me naar de veiligheid en de stilte van mijn eigen hol verlangen.

Tot dusver hebben mijn man, de kinderen en buurvrouwen boodschappen gedaan, maar dat kan niet blijven duren, ze hebben hun eigen leven, hun eigen gezinnen. Een van hen nodigt me uit voor een ontbijt, maar – zo heeft ze therapeutisch bedacht – ik moet zelf de broodjes meebrengen. Paniek. Hoe kan ze dat van me verlangen! Ik wacht steeds tot het donker is en sluip dan naar het winkelcentrum, wanneer het risico om anderen te ontmoeten het kleinst is. Nu durf ik geen nee te zeggen en die ochtend sta ik vol angst bij de bakker. Dit doe ik nooit meer... Maar ik zal toch ook zelf weer eens écht moeten koken, wat ik altijd zo graag deed. Recepten lezen, nieuwe gerechten uitproberen, tot iedereen er genoeg van heeft en John gaat citeren: 'Mam, wanneer eten we nu eens gewoon?' Een aardappel schillen is me echter al te veel en ik ben al blij als ik het voor mekaar krijg om een simpele maaltijd op tafel te zetten.

Eind januari besluit ik om dapper te zijn en zeg ja op de uitnodiging om een paar straten verder koffie te gaan drinken. Nog voor ik naar buiten ga, heb ik al spijt van mijn autonome uitstapje en wil het afbellen. Maar dat is slap.
 Opeens ontdek ik nog allerlei kleine dingen die gedaan moeten worden; weer tien minuten respijt. Ik ben al te laat. Een uur lang stap ik bijna ademloos door de woonkamer, daar heb ik de laatste tijd wel meer last van. Soms is het alsof ik stik, vooral in bedreigende situaties en dat is op het ogenblik zowat alles: een opgeschoten jongen die toevallig langsfietst, een bel, een telefoon, het kleppende deurtje in de achtertuin. Is dit wat je hyperventileren noemt, iets wat ik tot dusver heb beschouwd als een modieuze gril? Nu lig

ik regelmatig zelf met een plastic zak voor mijn mond te hijgen tot de aanval over is. Waarom knijp ik die zak niet gewoon dicht over mijn hoofd?

Gebiologeerd hou ik de wijzers van de klok in de gaten; om halfelf zitten er grote zweetkringen in mijn bloes. Ik had er allang moeten zijn!

Met tegenzin en als een slaapwandelaar trek ik uiteindelijk mijn jas aan, sla een sjaal om, hang de andere jassen keurig op de hangers, vouw de dassen en handschoenen op, stop ze in een la van het commodekastje in de hal, blaas Johns kaarsje uit en pak de sleutelbos uit het kastje. Is de achterdeur wel op slot? Had ik de verwarming al lager gezet? Is het gas uit? Ik trek de voordeur achter me dicht, hap als een astmalijder de buitenlucht in. Na weken sta ik voor het eerst weer in het volle licht van de straat, waar geen mens te bespeuren valt. Dat komt goed uit, als ik verder ook maar niemand ontmoet! Ik heb geen zin om op straat over John of mezelf te staan praten. De stilte van de late ochtend zakt over me heen als een doodsgewaad.

Schoorvoetend begeef ik me op een expeditie van tweehonderd meter, wensend dat ik in een zak liep, onzichtbaar was. Waarschijnlijk staat nu iedereen achter de gordijnen naar me te gluren: kijk, daar loopt dat arme vrouwtje, wat erg, het zal je maar gebeuren... Ik ben een zielig kijkobject geworden. Twee keer bel ik aan bij een verkeerd huis – toch ben ik eerder op het gezochte adres op bezoek geweest. Tanja's vriendinnetje woont er – en haar broer, de jonge marinier uit de zwembadkantine. Dan, eindelijk, toch de goede deur. 'Ben je komen lopen?!' Ja, want ik durf ook niet meer te fietsen. 'Als je vijf minuten later was gekomen, had ik je opgehaald', zegt de gastvrouw, zich haar eigen ervaringen herinnerend. Vijfentwintig jaar eerder verloor ze haar eerste baby en daarna werd ze te lang geleefd. Ze hield er veertien jaar straatangst aan over en wil mij daarvoor behoeden.

Eenmaal binnen – en de hond bedaard – voel ik me rustiger worden. Als ik maar van de straat weg ben. De koffie smaakt, het gebak laat ik staan. Er hangt een foto van een zeilschip aan de muur. Sinds de zoon bij de marine zit, heeft water een grote plaats in het leven van zijn moeder ingenomen. Sinds mijn zoon verdronk ook in het mijne – maar deze vrouw zal wel niet misselijk worden als ze gewoon een bad laat vollopen. Even voor twaalven vat ik de terugtocht aan en voel me als poolreiziger Scott die na een tocht vol ontberingen de geografische Zuidpool bereikte en er honend Amundsens Noorse vlag zag wapperen. In de keuken vallen tranen op Toms boterhammen; gelukkig proeft hij er niets van.

Ik weet dat ik onder de mensen moet blijven komen. Op de bank laat ik Johns spaarrekening opheffen en ik meld hem af bij de orthodontist. Alsof ik hem persoonlijk nog eens dood verklaar. Ik probeer nu ook zelf boodschappen te doen en loop spitsroeden tussen de verschrikte of wegkijkende blikken, het onvermogen en de stuntelige en gevreesde pogingen waarmee naar mijn welzijn geïnformeerd wordt. Wat moet ik zeggen? Ik zal toch nooit meer kunnen antwoorden dat het goed gaat? En eigenlijk zit niemand echt te wachten op de ontboezemingen van andermans zielenleed. Misschien moesten we maar verhuizen, maar een ziel kun je niet achterlaten als een versleten dweil. Laat mij maar gewoon met rust. Na iedere poging om weer deel uit te maken van de buitenwereld kan ik me niet vlug genoeg weer binnen mijn eigen veilige muren opsluiten. Wat een stap vooruit had moeten zijn, wordt een sprong achteruit.

De dood en het water. Onze woordenschat staat er vol van, kijk maar in Van Dale. 's Winters kan dat water bevriezen, zodat Nederland zich niet meer druk hoeft te maken over levensgevaarlijke zwembaden en acuut alle wereldleed kan vergeten. Wéér is er een Elfstedentocht! Panem et circenses, nog steeds. Stel je voor dat één van die sportievelingen door het Friese ijs zakte; wat zou de natie dan in een collectieve verontwaardiging ontbranden! Dat de Nederlandse zwembaden potentiële dodenkuilen zijn, wordt maar liever verdrongen.

De taal kent ook vele woorden voor na de dood. Rouwen. Afscheid nemen. Leren aanvaarden. Verwerken. Eroverheen komen... Toverformules waarmee gesuggereerd wordt dat je ooit weer gelukkig zult kunnen zijn. Maar het zijn niet meer dan klinisch koude termen voor een zeurende pijn die de hele ziel in een draaikolk met zich meesleurt. *Die Seele sieht mit ihrem Leid sich selbst vorüberfliessen.*[1] Wij hebben nog maar één wens: *Stop the world, we want to get off.* Toch weten we dat we door dit zogenaamde verwerkingsproces

---

[1] Nikolaus Lenau

heen moeten, willen we ooit nog normaal kunnen leven. We beginnen eraan, met de moed der wanhoop.

Verwerken vergt tijd en rust. Maar waar vindt een man met een eigen zaak die? En een vrouw die de dagen doorkomt als een plichtbewuste automaat? Hoe kan een echtpaar de dood van een kind in het gezicht zien, wanneer zelfs de tijd ontbreekt om elkaar écht aan te kijken?

We doen ons best. Maken lange, verlaten wandelingen in de bossen van de Utrechtse Heuvelrug of langs de besneeuwde uiterwaarden van de Lek; de schoonheid van de natuur zou troostrijk moeten zijn, maar ze maakt de pijn des te schrijnender. Ook sloffen we dag na dag als twee oudjes langs de paden van 'ons' kerkhof, naar die ene plek met anonieme aarde en bevroren bloemen. Hand in hand, maar ieder van ons verzonken in eigen gedachten en starend naar de punten van onze loden schoenen, soms een schichtige blik op de andere graven werpend. Zo ontdek ik het graf van een jongeman en ernaast dat van zijn moeder. Langer dan vier jaar heeft ze het niet volgehouden. Toch nog vier, lange jaren... En dan, alsof kaboutertjes het er bij nacht en ontij hebben neergezet, worden we op een ochtend geconfronteerd met de 'gepaste', splinternieuwe grafsteen. De nachtmerrie houdt maar niet op. En weer steekt opstandigheid de kop op, als een ontwakende drakenkop.

We vluchten naar Vinkeveen en de idyllische plaatsjes van bevroren plassen. Achter het raam van het vakantiehuisje zie ik hoe Tanja en Tom zwierige rondjes draaien op het verstarde water. Die angst, die maar niet overgaat.

Na de bouillon, de bloedwijn en het astronautenpapje en de walging van alles wat op voeding lijkt, begin ik me vol te proppen. Mijn lichaam protesteert tegen de verloren kilo's, alles wat eetbaar is gaat de slokdarm in. Ik speur in boekentassen naar halve of liefst hele kleffe boterhammen, ga op verkenning in de verste uithoeken van de keukenkastjes, lik de kruimels uit de koekjestrommel, sla krentenbollen in, boter, kaas en eieren. *La Grande Bouffe,* helemaal in m'n eentje. Mijn maag schijnt tegen een stootje te kunnen, mijn ingewanden functioneren naar hartelust en mijn hart blijft helaas dapper verder kloppen. Als je dood wilt, kun je er zeker van zijn dat je veroordeeld wordt om vrolijk verder te dartelen. Vretend probeer ik me in alle opzichten staande te houden. Ik móét weer op gang komen, heb een gezin, toch nog. Dus na het ontbijt niet meer terug in bed kruipen als een dier in zijn hol, maar de dagen doorkomen als een voorgeprogrammeerde robot. Vandaag een stapeltje zakdoeken strijken, morgen stofzuigen, overmorgen eindelijk de condoléancepost beantwoorden. Maar niet te veel in één keer, want van het minste ben ik bekaf. Ondanks de Grote Schranspartij is alle kracht uit me weggevloeid, ik voel me leeg en zwak, uitgeteld, doodop, en ik kom geen gram aan. Misschien ben ik toch al dood. Wie de dood in zijn ziel heeft wonen, heeft ook de dood in zijn lijf.

In die wintermaanden zijn we ook allemaal jarig. Dagen waarop het gemis in plaats van de vreugde dubbel weegt. Op Tanja's vijftiende verjaardag zou – 'zou' wordt een woord dat kerft als een mes – Mark veertien zijn geworden en ik breng zijn moeder een bosje bloemen. Daar zitten we dan, gehuld in zwijgen, vechtend tegen onze tranen, de blik vastgezogen aan die foto aan de wand. Drie weken later liggen er cadeautjes naast mijn ontbijtbord en ben ik zo intens verdrietig. Geen pakje van John meer. Twee dagen daarna gaat Tom zonder veel poespas zijn dertiende levensjaar in. Dit jaar maken we geen grapjes over al die vlaggen die op 31 januari speciaal voor hem worden uitgehangen en hij heeft zelf ook geen behoefte aan pret en een partijtje. Hij had wel graag een horloge gehad, maar troost zich met de gedachte dat de Kerstman over elf maanden misschien... Hij kijkt me verschrikt aan: 'Ik bedoel...' Jij zult je horloge krijgen, Tom.

Dan, de dag dat mijn eerste zoon geboren werd. Veertien 'zou' hij worden. De navelstreng die hem dreigde te verstikken werd doorgeknipt en hij moest al meteen in de zuurstoftent. Het duurde uren voor ik hem, blozend en wel, aan mijn lichaam mocht leggen. Met een kaartje aan zijn voetje dat verpakt zat in een zelfgebreid, veel te groot slofje. John. Hij had het overleefd. Hij was begenadigd en ik ook. Of stond al in de sterren geschreven dat het leven van het kind dat uit mijn lichaam geboren werd zou afhangen van een domme man in een machinekamer? Vriendinnetjes hebben bloemen naar zijn graf gebracht, een gebaar dat ons vervult met warmte en dankbaarheid. De gedachte dat hij al vergeten zou zijn, zouden we niet verdragen. Zoals ik ook niet kan verdragen dat er geen verjaardagskaart meer voor hem op de mat ligt. Maar ik moet redelijk zijn. Hoe kan ik verwachten dat iemand een dode feliciteert als nu zelfs de levenden voor het eerst vergeten worden? Alsof we met z'n vieren dood zijn. Misschien is dat ook wel zo.

Ik blader door Johns fotoboeken. De lieve baby met de blonde krullen, de kleuter op zijn korte dikke beentjes, op school, thuis, op vakantie, zijn verjaardagen, voetballend, hier aan een Italiaans meer en daar op bezoek bij zijn neefje. Wat was hij het afgelopen jaar toch gegroeid! Bladzijden achter elkaar lacht hij me toe. Op zijn laatste filmrolletje staan opnamen van dieren en landschappen, vakantiekiekjes van zijn broertje en zusje en van ons, als de twee verliefden die we toen nog steeds waren, zoals hij ons het liefst zag. Daar heeft hij in zijn keurigste handschrift bij geschreven: 'Mijn lieve pappie en mammie.' Het laatste portretje dat ik met zijn eigen klik-klakje van hem nam hang ik in een medaillon om mijn hals, op mijn lijf, dicht bij mijn hart. De tijd met hem was zo kort, zo vluchtig en broos, teer en licht als de pluizen van een paardenbloem die naar onbekende verten zijn weggeblazen. Hoeveel smartelijker blijken de weeën van de dood dan die van de geboorte. En hoe onbreekbaar blijkt de onzichtbare navelstreng van liefde.

Werd ik eerst nog als een magneet naar Johns kamer getrokken, om er dan gekweld en verdwaasd naar alles en niets te staan staren, zo langzamerhand vermijd ik die hermetisch afgesloten deur boven aan de trap, waar ik dagelijks noodgedwongen meerdere malen langskom. Ik kan de moed niet meer opbrengen om de kruk neer te drukken. Die gesloten deur, dat neergelaten donkerblauwe rolgordijn – waardoor het ook in die kamer eeuwig nacht is geworden – begint ons allen te beklemmen. 's Avonds ligt Tanja vergeefs te wachten op de vertrouwde klopsignalen aan de andere kant van de muur en het enige geluid dat haar uiteindelijk doet inslapen, zijn de snikken van haar eigen grote kinderverdriet.

Het is niet goed om een mausoleum onder je dak te hebben. De herinnering aan John woont in ons hart, maar in die kamer moeten de deur en de ramen weer open mogen. Wanneer ik het gruwelijke besluit neem om op te ruimen, is de opluchting van de gezichten af te lezen. Kleren, zijn pyjama en pantoffels, het tennisracket en de voetbal, boeken, schriften en de schoolagenda, autootjes, waardevolle niemendalletjes... Op één middag gaat een heel kinderleven door mijn handen en met elke beweging is het alsof ik mijn kind eigenhandig nog een keer van het leven beroof. Buiten op het grasveld trappen zijn vrienden tegen een bal aan. John was gek op voetballen en trots op zijn status van keeper bij het jeugdelftal. Tanja en Tom mogen iets van zijn bezittingen uitkiezen, zelf zet ik een paar dierbaarheden op mijn werkkamer neer. Ik zal toch moeten leren om ertegen te kunnen, wil niet doen alsof dit kind nooit heeft bestaan.

Als Johns kamer niet meer Johns kamer is, nooit meer zal zijn, probeer ik het verdriet en de woede, die boze tweelingzusters die mijn ziel verscheuren, met een vriendin te verdrinken in een dubbele cognac. En nog één. Ik had een zoon. Nu, een hutkoffer met jongenskleren en twee kartonnen dozen met de tastbare bewijzen van zijn aanwezigheid op deze aarde. Zal ik ooit nog de moed kunnen opbrengen om het deksel weer op te lichten? Ik wil ladderzat worden! En een miljoen glazen tegen de muur stuksmijten.

We zouden zo graag weer eens gelukkig zijn. Gelukkig zijn?! In een ander zwembad is alweer een kind verdronken. Elders vinden oorlogen en martelingen plaats. Moorden. Milieu- en natuurrampen en ander onheil. In Afrika kinderen met hongerbuiken en vliegen op hun ogen. In India dodelijke gifdampen, maar daar vindt men dat rouwen om tweeduizend doden twijfelen is aan de wijsheid van hun god. En zelfs met de moedermelk slikken zuigelingen tegenwoordig al een chemische fabriek naar binnen. Is er echt Iemand die dit allemaal toelaat? Een zogenaamde God? Is het kwaad werkelijk noodzakelijk om het goede beter te zien? Zijn de verantwoordelijken voor het kwaad samen met hun slachtoffers in de hemel? Ontmoeten martelaren er weer hun beulen? 'Ik geloof niet,' zegt de dominee, wiens roeping en taak het hoort te zijn om dat wél te geloven, 'dat Hitler nu zes miljoen joden in de armen sluit.' Zijn visie op hemel en hel. Ik denk daar nog steeds over na. En wat is ons 'kleine', individuele verdriet vergeleken bij het grote, universele leed, dat al bestaat sedert Kaïn zijn broer de schedel insloeg?

Maar ik kan niet lijden om miljoenen mensen, waar het al ondraaglijk is om te lijden om één mens. Het eigen, voelbare leed weegt altijd zwaarder dan het abstracte leed van de wereld, al is het een afschuwelijke wereld, waarin een dertienjarige jongen toch nog kon schrijven: 'Ik hou niet van oorlog en hongerlijdende mensen. (...) Het meest hou ik van vrede, iedereen gelukkig. (...) Mijn liefste wens is vrede...' – En ik dacht nog wel dat hij het liefst een walkman wilde!

Die jongen was mijn zoon. Geen heilige, maar een kind dat had geleerd wat liefde is en er zelf zoveel van teruggaf. Vanuit die warme beslotenheid zag zijn leven er zo hoopvol uit. Er komen weer gedachten in me op waar ik niet trots op ben: Waarom híj? Waarom zo'n jongen? Waarom niet één van die etters die alleen maar lijken te bestaan om hun medemensen te sarren? Maar zelfs Hitler had een moeder en die zal ook wel van hem gehouden hebben. Hoewel er ook moeders schijnen te zijn die hun eigen kinderen vermoorden; omdat ze huilen of hun boterham niet willen opeten. Wie weet. Misschien is het uiteindelijk toch een genade om in zo'n wereld dood te zijn.

Wat een wereld! En het houdt ook niet op. De winnende World Press Photo toont een stervend kind. Gefeliciteerd. In televisieseries vallen de doden letterlijk van de daken. In de kranten hetzelfde: doden, doden. Vooral niet doemdenken! Terwijl de Elfstedenhysterie het ene televisienet teistert, weet ik bij het andere nu écht wat die Afrikaanse moeder voelt die haar kind ziet sterven aan haar lege borst. Overal ter wereld raken kinderen hun ouders kwijt en omgekeerd, ik herken de wanhoop van de moslimmoeder die het hare verloor op zogenaamde heilige slagvelden. En ik herken de woede in de ogen van de Australische moeder, wier zoon in Maleisië werd opgehangen om een paar gram drugs terwijl velen van mijn collega's het bon ton vinden om – in meerdere opzichten – dure lijntjes cocaïne te snuiven. Bij al die moeders is het liefste, het wezenlijkste uit hun rauwe vlees gerukt. Een levenslange verminking en pijn. Al die moeders klagen aan, hun ogen, hun ziel klagen aan. Ik klaag ook aan. De moeder van Mark klaagt aan. En de vaders. De ouders van Hassan klagen aan – helaas in het Marokkaans en dat wil men hier niet zo goed verstaan. Daarom dan maar in duidelijk Nederlands: wij klagen de wereld aan die de andere kant opkijkt, af en toe weer 's even opgeschrikt door nieuwe onheilstijdingen. Liefst zo ver mogelijk van het eigen bed. En dan, bekomen van de eerste schok en een paar sussende overschrijvingen, walst men alweer verder. Ook in ons onbelangrijke dorp.

Maar je kunt niet van anderen verwachten dat ze met je blijven meerouwen.

De winter wil maar geen einde nemen en het lijkt wel alsof de hele wereld aan het doodgaan is. Wij, die de wintermaanden vaak doorkomen zonder zelfs maar een verkoudheid, krijgen de ene griep- en koortsaanval na de andere. Wanneer het kwik weer stijgt heeft de nationale ijspret zeven onvoorzichtige doden geëist. 'Op den duur word je moedeloos, ook door de kou, je raakt bevangen, je komt in een soort slaap terecht en dan doet 't je allemaal niets meer', vertelt iemand die een val door een wak overleefde. Zouden Mark en John dat ook zo gevoeld hebben? Hebben zij ook de mooiste kleuren gezien voor ze voor eeuwig insliepen?

Wij zullen nooit meer gelukkig zijn. Wanneer we het weer eens wagen om elkaar aan te raken, lijken mijn man en ik twee pubers bij hun eerste stuntelige pogingen. Meer dan het verlangen om te sterven met die lappenpop die toevlucht zoekt in mijn armen wordt niet gewekt. Wat ultieme troost moet zijn, leidt slechts tot nog grotere eenzaamheid. Alsof een beetje geluk voor ons voortaan niet meer is weggelegd en onverenigbaar is met het voortdurende verdriet om John, die vanaf zijn foto letterlijk en figuurlijk op ons neerkijkt.

's Nachts droom ik van zwangerschappen en baby's die zich nog laten knuffelen. Ik koop een grote pop en doop haar naar John: Johanna. Na de eerste geamuseerde verbijstering en opmerkingen van mijn huisgenoten, begint Tanja dat 'gedoe' echter minder grappig te vinden en als ik naar mezelf kijk, denk ik ook: wat is dit, dat ik als een demente, oude vrouw met een pop zit te tutten?! Dat deed mijn oma op het laatst niet eens! Johanna wordt al snel gedegradeerd tot decoratief element in een rotanstoeltje. De tijd van knuffelen en geknuffeld worden lijkt voorgoed voorbij.

Op een dag vraagt mijn man: 'Je wordt toch niet zoals je moeder?' Daar schrik ik van. Ik moet ver in mijn geheugen teruggaan – tot in mijn kindertijd – om me een glimlach van haar te herinneren. Waarom was mijn moeder ongelukkig en droevig? Zij had toch nooit een kind verloren? Maar wel een zusje. De eerste acht jaren van haar leven was zij de oogappel van haar vader geweest tot een krijsende rivale in luiers haar van haar voetstuk stootte. Twaalf jaar later overleed het zusje. Mijn moeder begon op haar twintigste aan schuldgevoelens en depressies te lijden.

Zoals mijn grootmoeder wil ik ook niet worden. Een mensenschuwe vrouw, die haar verdriet aanvankelijk probeerde te verdrinken in alcohol, nooit meer naar het graf van haar dochtertje ging, alles wat aan het kind herinnerde diep in de kelder opborg en iedereen verbood om in haar aanwezigheid zelfs maar de naam van het meisje uit te spreken. Is dat mijn lot: zoals mijn oma in een stoel voor het raam zitten wachten – waarop? – misschien nog wel tot mijn vijfenzeventigste, treurend om mijn dode kind en daar geleidelijk aan het verstand bij verliezen? Meer pratend over het verleden dan over heden en toekomst?

Nu was er ook in het jongemeisjesverleden van mijn grootmoeder genoeg gebeurd om het hoofd een beetje bij te verliezen. Haar eigen moeder overleed toen ze tweeënveertig was nadat zeven van haar veertien kinderen als baby waren gestorven. Het overblijvende gezin – vader, zusjes en broers – woonde in een uitspanning voor vlaskooplieden en niet ver daar vandaan stond een kapel ter ere van de Mater Dolorosa. Dat droeve Madonnabeeld met de dode Christus op haar schoot fascineerde mijn oma en, ook al was ze er bang voor, ze wilde er altijd heen. Zij en haar jongere zusje hadden van de koster de eervolle taak gekregen om die kapel te onderhouden: schoonmaken, borstelen, vers wit zand strooien, bloemen en kaarsen bijtijds vervangen.

Op een dag, toen ze klaar waren met hun werk en ze het hekje al afgesloten hadden, stond het beeld ineens voor hun voeten. Hevig geschrokken zetten de meisjes het op een lopen naar huis, waar ze er met niemand over durfden te praten. Pas weken later, toen de familie 's avonds rond het haardvuur zat en er zoals gebruikelijk verhalen verteld werden over dwaallichten in de polder en een oude vrouw met een 'boze hand' in het dorp, kwam het zusje met het verhaal voor de dag. Op aanraden van de ouderen gingen de meisjes de volgende dag naar de pastoor, die ook niet wist wat hij ervan denken moest en naar de kapel ging waar hij een paar kaarsen aanstak en een weesgegroetje bad.

Nu wordt beweerd dat de Lieve Vrouw een gunstige invloed heeft op alle personen die op de een of andere manier met haar in aanraking komen: genezing, bescherming – allerhande weldaden. Dat ging zeker niet op voor mijn grootmoeder. Later zou één van haar peetkinderen op vierjarige leeftijd overlijden en een van haar nichtjes verloor haar man na nog geen jaar huwelijk. Twee van haar zonen stierven tijdens de Tweede Wereldoorlog in Duitsland bij de *Arbeitseinsatz*. De een bezweek aan een longontsteking, de ander kwam in een station onder een trein terecht. Ze overleden op dezelfde dag, op honderden kilometers van elkaar. Geen wonder dat de vrouwen in mijn familie niet bijzonder vrolijk en levenslustig zijn, alsof het in de genen zit. De oude Grieken hebben niet het alleenrecht op tragedies. De laatste jaren van haar leven klampte mijn grootmoeder zich vast aan het verleden, en die oude herinneringen waren het enige wat in haar geest wilde beklijven. Ik moet uitkijken, want ook ik begin al in het imperfectum te praten.

Twee keer per week ga ik braaf naar de sessies bij Henk. Misschien kan hij me weer leren lachen. Henk wordt betaald om welgeteld vijfenveertig minuten – de klok staat in het gezichtsveld van de cliënt – naar me te luisteren. Maar hij probeert tenminste te '*heilen mit Liebe*', al beheers ik zelfs bij hem mijn wanhoop. Ik ben als ijs. Ik ga niet zitten jammeren als een berbervrouw; in mijn beschaafde cultuur leer je immers om je gevoelens te bevriezen? 'Hysterisch jammeren lijkt me gezonder', vindt Henk. 'Kun je eigenlijk nog wel huilen? Dat is belangrijk.' De vraag raakt me. Nu pas valt me op dat mijn tranenmeer is drooggevallen.

Na de tiende zitting zegt mijn therapeut: 'Ik maak me ernstig zorgen over je.' Oh, maar vergis je niet! Want al zit ik potdicht, ik ben wel degelijk woedend, wat dacht je! Ik koester de woede aan mijn borst als een slang in een warm mandje. Woest ben ik, razend. Scharrelend in het bloemperkje op het graf van mijn zoon zie ik mezelf met een machinegeweer dat zwembad binnenstormen of er met een zwierige zwaai een molotovcocktail op lanceren. Ik weet me geen raad met die voortdurende, onderdrukte agressie; soms vrees ik gek te zullen worden. Maar in een beschaafde wereld schieten beheerste ijskoningen de moordenaar van hun kinderen niet overhoop, nee, zoiets doe je niet. Al zijn er moeders die het minder beschaafd maar net zo wanhopig en razend wél doen. Marianne Bachmeier die de moord van haar zevenjarige dochtertje wreekte met acht gerichte schoten in de rechtszaal. De rechters konden hun dossiers dichtklappen, Applaus, applaus! Opgeruimd staat netjes. Daar zou ik ook voor willen zitten. Waarom doe ik het eigenlijk niet? 'Wat zou er moeten gebeuren, om je rust te geven?' Een grote bom boven op dat zwembad, Henk, zou ik al heel mooi vinden. Plus de zeven plagen van Egypte voor hen die de dood van mijn kind op hun geweten hebben. Ik ben nu eenmaal geen boeddhist.

De therapeut kijkt me aan. In zijn blik lees ik dat ik zelf een tikkende tijdbom ben.

Er wordt gezegd dat ik weer aan het echte werk moet. Dat zou helpen. Een mens heeft ongekende krachten in zich, zo zegt men. Er wordt me een dagje redactiewerk aangeboden; ik mag zelf bepalen wanneer ik kom en weer ga. Goed bedoeld. Maar helemaal naar Amsterdam?! Naar Henk, niet zo ver weg, gaat nog, maar moet ik me weer tussen de mensen begeven die niet weten wat het is om een dood kind te hebben? Ik zie me echter ook niet voor de rest van mijn leven alleen maar borduren en breien. Dus, kom op, dapper zijn, naar de hoofdstad! Vijfendertig kilometer, wat stelt dat voor.

Maar wat een expeditie. Geen wonder dat ik er te horen krijg dat ik er niet uitzie – het intrappen van een open deur – en voor ik mijn jas heb uitgetrokken, heb ik ook hier alweer spijt van. Om me heen wordt het drukke redactieleven geleefd: hectische gesprekken over foto's, artikelen en deadlines – het lijkt wel een kwestie van leven en dood. Als de anderen gaan lunchen, blijf ik doorwerken; niet wéér de straat op. In de ijskast staan melk en muesli, mocht ik toch trek krijgen.

Ik krijg geen trek.

Iedereen even weg. Ik probeer me te concentreren op de stapel papieren tussen mijn handen. Maar het lukt niet. Wat doe ik hier in vredesnaam in die chique redactieruimte, op klaarlichte dag badend in neonlicht, vierhoog aan een Amsterdamse gracht waarvan ik de schoonheid niet meer zie? Aan de muren lachen topmodellen uit de hele wereld me toe of ze kijken verwaand op die wereld neer, in prachtige kleren en met perfecte make-up. Mooi en jong. Maar ik voel me zo oud en zo moe. Wat kan het mij nog schelen hoe de nieuwe voorjaarsmode eruit zal zien, wat het kappersgilde en de visagisten weer hebben verzonnen, zelfs voor vrouwen die er niet uitzien? Rubrieken met nieuwe films, nieuwe boeken, gezellige uitstapjes... Niet meer voor mij. Wat zoek ik hier nog tussen die ambitieuze vrouwen die in de journalistiek hun plek veroverd hebben of aan het veroveren zijn, net als ik, vóór die dag – inmiddels twee maanden geleden – toen die plek mij ook zo belangrijk leek? Nu heb ik heel andere ambities.

Na vier uurtjes werk waarvoor ik niet van mijn stoel heb hoeven op te staan ben ik de uitputting nabij en geef het op. Depressies laten zich niet om de tuin leiden, ze hebben je stevig in hun verlammende greep, vreten je op met huid en haar, niets overlatend dan een haast ondraaglijk gevoel van leegte, nutteloosheid en wanhoop. Alsof je levend dood bent. Ik neem de verkeerde tram, ga in de verkeerde richting. Al dat verkeer! Ik zoek mijn weg tussen de drukte op het station. Al die mensen, ze razen maar langs me heen. Waar ben ik? Was ik maar onzichtbaar. Nu even goed nadenken. Stap een: een treinkaartje kopen. Twee: het goede spoor vinden. Drie: instappen. Vier: overstappen. Vijf: nu nog de bus nemen. Ondertussen regent het pijpenstelen.

In die bus komt een jongen naast me zitten, dertien, denk ik, en blond. De wetten der zedelijkheid verbieden me om mijn armen om vreemde jongens te slaan. Maar hoe zit het met de wetten van het gevoel?

Doorweekt en ellendig begin ik om halfzes aan het avondeten. Jarenlang aangekweekte automatismen en reflexen spelen me parten, het moet nog wennen. Voortaan van alles vier, niet vergeten. Vier borden, vier glazen, vier keer bestek. Vier. Vier. Vier. Eén minder gewoon. Vier. Mijn gezicht wil maar niet opdrogen. Heb ik me weer vergist, onderhand moet ik het toch weten: VIER gehaktballen. Waar ben ik toch met mijn gedachten. Bij het beheersen – alweer, alweer – om niet het hele pond kleffe half-om-half-smurrie met ei, paneermeel en melk tegen de keukentegels te kwakken. Een jaar later zal het nóg gebeuren dat ik drie zakjes snoep koop in de supermarkt. 'Mam, waarom heb je nou drie...'

Soms, wanneer de nevelen in mijn hoofd even optrekken, lijkt het alsof de wereld helderder is geworden en ik – als een terminale patiënt of een terdoodveroordeelde, die weet dat er nog maar weinig tijd overblijft – die wereld via een zesde zintuig veel bewuster waarneem. En met die scherpe, lucide blik zie ik nu duizend-en-één dingen waaraan ik vroeger voorbijliep en die me nu mateloos irriteren. De evenzovele attenties van hen die me zo dierbaar zijn, zie ik niet. Alle liefde sijpelt van me af als regen van een plastic jas. Waar zijn de warmte, de vreugde, de liefde die ik zelf in me had, gebleven?

Liefhebben is kwetsbaarheid en angst om de beminden kwijt te raken – en wie niet meer kwetsbaar en bang wil zijn en geen pijn meer wil voelen, verschanst zich achter een pantser van cynisme, onverschilligheid en verbittering. Een harnas dat echter knelt en drukt en niet bestand is tegen nog meer verdriet en verterend schuldgevoel wanneer ik mijn man zie huilen. Dan sla ik mijn armen om hem heen en versmelt mijn leed met het zijne, want liefde is sterker dan granietrotsen, plastic jassen en harnassen.

Maar wat betekent liefde nog voor mensen die elkaars verdriet niet meer kunnen verdragen? Welke toekomst heeft een echtpaar, wanneer de een weer vertwijfeld wil leven – hij – en de ander nog wanhopiger naar de dood verlangt?

We proberen weer structuur in het leven te krijgen. Maar mijn man lijkt de eigen woning te vermijden en komt steeds later thuis. Want daar wacht zijn treurende echtgenote. Ik heb hem nodig en mis hem, maar op de zaak wordt het weer drukker, zo zegt hij; hij heeft zelfs een tweede meisje aangenomen. Hij moet veel op pad en heeft daarbij de assistentie nodig van de assistente die, zo verzekert hij me, snel leert. Hij zingt haar lof en ook ik ben blij dat hij zo'n goed hulpje heeft gevonden. Meer dan dat zelfs: inmiddels is het negentienjarige meisje een soort tweede dochter geworden, die weleens mee-eet of oppast.

Ik weet dat ook ik weer aan de slag moet. 'Zou je over de dood van John willen schrijven? Misschien help je jezelf ermee, maar ook anderen. Er zijn helaas nog meer ouders die een kind verliezen.' Aldus Hanny van der Horst, de hoofdredacteur van *Margriet*. Ik probeer er vanaf te komen. Geef me een ander onderwerp. Dit kan ik niet. Ik kan het niet.

Toch wil ik het. Een monumentje voor mijn zoon. En zo zit ik opeens wéér met een deadline. Schrijven. Het is altijd mijn lifeline gebleken, de laatste strohalm, hoe zwak en broos ook soms, toch sterk genoeg om me aan op te trekken. Mijn eigen verdovend middel. Al die tijd ben ik met een grote boog om mijn werkkamer heen gelopen. Nu ik er na bijna drie maanden weer binnenstap denk ik aan een dichtregel van Gerrit Achterberg: 'De tikmachine staat al klaar, kleine piano van mijn ziel.' De mijne daagt me uit, maar als ik ervoor ga zitten, weet ik zeker dat mijn hoofd uit elkaar zal spatten. Geen letter. Geen woord. Geen zin. Mijn hoofd spat niet uit elkaar, maar de gedachten houden er huis als een horde muizen in een te kleine kooi. Hoe kan ik schrijven, iets ordenen, waar chaos heerst? De gevoelens zijn zo diep, de gedachten soms zo klaar en helder, maar hoe schrijf ik ze op? Hoe vertel je zoiets? Waar begin je? Ik begin met een brief aan John.

Lieve jongen,

Vanmorgen was de hemel stralend blauw, de zon scheen zelfs, al werd ze af en toe verdrongen door donkere wolken en stond er een koude, gure wind. Die mooie hemel en eerste zonnestralen maakten dat ik nog heviger naar je verlangde en dus trok ik een dikke jas aan, wikkelde me in mijn lekkere rode sjaal en voelde me herleven. Vergeef me de uitdrukking...

Het was pas halftien en eigenlijk pas halfnegen – dat kon je toch voelen, de natuur laat zich nu eenmaal niet bedotten door kunstmatige tijden – toen ik de begraafplaats opliep en daar de rust en stilte vond waar ik opeens weer zo'n behoefte aan had. Woonden we er maar naast, dan kwam ik nog vaker bij je.

De lente heeft lang op zich laten wachten, het was zo'n doodse winter, maar nu begint het jonge leven zijn rechten op te eisen en het zachte, prille groen nodigt uit tot verf en penselen. De knopjes aan het treurwilgje dat papa en ik bij je graf hebben geplant beginnen door te breken en ook de hyacinten en Toms narcissen doen het goed; alleen de blauwe druifjes en de erica hebben we moeten vervangen door vergeet-mij-nietjes omdat ze door de konijnen waren opgegeten. Je zou er om gelachen hebben. De oude eik, dat majestueuze symbool van leven, waakt over de doden en dus ook over jou en de andere graven, als een generaal die zijn troepen schouwt. Zijn kale takken hebben zich de hele winter tegen de grijze hemel afgetekend als een boeiend spel van grillige, fascinerende potloodlijnen. Maar nu heeft de onbekende schilder ook hier lichtgroen aan zijn palet toegevoegd en sereen en waardig leeft de boom zijn kranige leven verder op het ritme der seizoenen. Zo had het ook met jou moeten zijn.

Als ik naar je graf ga voelt het alsof je mijn hand vasthoudt. 'Wat zoek je daar? Je vindt er niets', zeggen sommigen. En anderen: 'Ik kan er niet vinden wat ik zoek.' Maar je gaat toch niet naar een kerkhof om er iets te zoeken? Je gaat om iets te brengen. Jou breng ik mijn hart en zoveel liefde. Dan is het alsof ik nog dichter bij je ben, denk ik dat je me kunt zien, horen wellicht. Als ik daar loop, dragen mijn voeten me sneller, krijg ik vleugels: 'Dag, jochie, hier ben ik weer.' Ik ben op mijn knieën bij je gaan zitten. Heb je me gezien, John? Heb je me gehoord? Dan weet je – maar je hebt het altijd geweten, is het niet? – hoeveel ik van je hou en hoe graag ik bij je zou willen zijn. Je moet weten of voelen dat ik er ben, mama, dat ik je niet, nooit in de steek laat. Ondanks het verdriet is het dan alsof ik je weer even in mijn armen kan sluiten of in mijn ziel, waar je elk ogenblik van de dag en de nacht aanwezig bent.

Tanja en Tom komen niet zo vaak, en met ons al helemaal niet meer; ze kunnen ons verdriet niet verdragen. Neem het hen niet kwalijk, John. Juist omdat ze je zo vreselijk missen durven ze niet, en een begraafplaats is nu niet bepaald een plek waar jonge mensen zich op hun gemak voelen. Ze horen er niet, levend noch dood. Maar ook zij vergeten je niet, dat weet je. Je bent hun broer, een fijne broer, en ook voor hen is de leegte die je achterliet nooit meer op te vullen.

De lucht was weer gaan betrekken, er woei een snijdende wind langs mijn rug, maar toen ik tegen je begon te praten, brak de zon weer even door. Toeval. Het zoveelste dan. Misschien denk jij er anders over, waar je nu ook bent. Ergens ben je – het moet! – en ik speur de hemel af naar je. Maar waar ben je, John? De hemel is zo oneindig groot. Zal ik je daar wel ooit terug kunnen vinden? Ondanks mijn treurigheid voelde ik iets als geluk omdat ik bij je was, alleen jij en ik, en ik nu dingen tegen je kon zeggen die ik anders niet over mijn lippen kreeg.

Ik heb afscheid van je genomen – oh, tot morgen maar – en even was het alsof ik je armen om me heen voelde. Van onze wandelingen en fietstochten weet je misschien nog hoe mooi deze begraafplaats ligt, midden in het bos; een vredige plek, jou waardig. Als de wolken oplossen, lig je op het mooiste plekje, jongen, in het zonnetje – zoals je er altijd in hebt geleefd. Ik ben langs de paden gaan wandelen, langs liefdevol onderhouden graven en andere, vergeten en verweerd door de tijd. Ik ben ook even naar het hoekje met de kleine graven gegaan – zoveel stil verdriet – en heb de dode kindertjes gegroet alsof ze een beetje van mij waren. In het bos, alleen met mezelf, mijn gedachten en jou, liet ik de geur van de aarde tot me doordringen, snoof de humus op als kostbaar parfum. Geen andere geluiden om me heen dan het gekwetter van de vogels en de krakende takjes wanneer ik een eekhoorntje had opgeschrikt. En opeens besefte ik dat een mens nooit echt alleen is. Dat was een troostvolle gedachte.

Uit het bos kwam ik terug in de bewoonde wereld, tussen auto's, fietsers, mensen en winkelstraten, maar ik vermeed het om in de etalages te kijken. Waar moest ik naar kijken? Het allerminst naar mezelf. Als je ons kunt zien, John, dan zal het je wel opvallen hoe we veranderd zijn; papa, die moe en grijs geworden is en ik, jaren ouder en nóg magerder, terwijl jij altijd zei dat ik wat moest aankomen. Een ravage, die met geen cosmetica te verdoezelen is en grijze haren uittrekken is ook onbegonnen werk geworden. Bovendien wil ik ze niet meer kwijt, het geeft allemaal niets. 'Het verdriet staat op je gezicht te lezen', zoals iemand mij niet erg tactvol maar zeer waarheidsgetrouw meedeelde. Dat verdriet in mijn gezicht ben jij en dat mag – moet – iedereen zien.

Had ik maar in het besloten, veilige bos kunnen blijven. Was de wereld maar één besloten, veilig en vredig bos, met vogels en eekhoorntjes en konijntjes, waarin ik niets anders meer te doen zou hebben dan met jou te praten. Misschien is het zo in de hemel, John? Weet je nog, je was vijf jaar toen oma stierf en je zei: 'Als ik later dood ben en naar de hemel ga, ga ik bij haar op een wolk zitten, dan is ze nooit alleen.' Heb je oma gevonden? Wat zal ze geschrokken zijn om je al zo snel terug te zien. Is er op die wolk ook nog plaats voor mij, John?

Ik had je zo graag nog een poosje bij me op aarde gehad, je hand in mijn hand gevoeld, je kusjes op mijn wang, je 'mam' dat me maar in de oren blijft klinken. Zo vaak heb ik het in die bijna veertien jaar gehoord. Ik mis het allemaal. Je puddingbroodjes – heb je Tom soms ingeseind? – , je gedekte ontbijttafel op zondag, verzorgd als in een hotel, de toastjes uit je kinderkookboek... Papa heeft de bonbons uiteindelijk toch maar opgegeten, maar echt gesmaakt hebben ze hem dit keer niet.

Er wordt gezegd dat ik afscheid van je moet nemen, dat ik anders 'ziek' dreig te worden en dat afscheid nemen niet hetzelfde is als vergeten. Ik zal je nooit vergeten, nee. Maar afscheid nemen, terwijl ik blijf voelen dat je op me wacht? De gedachte aan je eenzaamheid vind ik ondraaglijk, al ligt inmiddels de hele rotonde vol en ben je niet meer zó alleen. De eenzaamheid van papa, Tanja en Tom is echter ook ondraaglijk. Ik hou ook van hen en daarom kan ik niet bij je komen, ik moet wachten tot Iemand vindt dat ik eindelijk rust mag hebben. Ik moet verder leven, nog heel even, voor de anderen, maar mijn ziel verlangt alleen naar jou. Ik verheug me zo op ons weerzien, het samenzijn met jou, jongetje. Ik koester die vreugde voor mezelf, anderen kunnen daar niet zo goed tegen, het maakt ze bang, onzeker, agressief zelfs, en er zijn toch geen woorden sterk genoeg om die vreugde uit te drukken. Alleen jij zou het kunnen weten. Nee, ik neem geen afscheid van je. Ik blijf bij je tot op de dag dat je aan Gene Zijde op mij zult staan wachten. Ik zie het allemaal al zó duidelijk voor me. 'Ce n'est qu'un au revoir', zeggen de Fransen...

De zon was nu helemaal achter een dik wolkendek verdwenen – de dag bleek toch niet zo mooi te worden als hij zich had aangekondigd, net zomin als je leven – en ik wilde bij papa warme chocolademelk gaan drinken. Maar hij was er niet. Op weg naar een fotoshoot met de assistente. En zo ben ik langs een stille omweg maar weer naar huis gewandeld en naar Amadeus gaan luisteren.

Mama

Ik zet door. Typen, elke dag een kwartiertje, geleidelijk aan een halfuur. Een kreupele die weer leert lopen. De letters dansen voor mijn ogen; als een vijfjarige op haar eerste pianoles sla ik voortdurend de toetsen mis. Maar schrijven en weer leren leven zijn eenzame bezigheden. Ik krijg zenuwtrekjes aan oog- en mondhoeken, mijn geheugen vertoont gaten en black-outs. Ik heb moeite met het volgen van de meest simpele gesprekken en soms moet ik nadenken over mijn eigen huis- of telefoonnummer. Straks moet ik nog van beroep veranderen of er gewoon mee ophouden, maar het is het mooiste beroep van de wereld en daarom neem ik het weer op met een verbetenheid alsof mijn leven ervan afhangt, en misschien doet het dat ook wel. Dat betekent: zelfdiscipline! Tot ik het *allegro furioso* weer in de vingers heb en niet meer te stoppen ben. Ik doe het voor John, ik mag hem niet nog een keer in de steek laten. En zonder dat het de bedoeling was, groeit het verhaal voor het tijdschrift uit tot de lengte van een boek.

Af en toe komt Eric bij me langs. Mijn echtgenoot moet niet veel hebben van de aardige student Nederlands. Wat moet die jonge vent zo vaak bij me? Niets. Behalve dat zijn aanwezigheid mijn eenzaamheid doorbreekt en dat hij wél tijd heeft om met me te praten, me voor het eerst weer op de fiets krijgt en na een tochtje nog ergens iets met me gaat drinken. Bovendien overtuigt hij me om weer in het literair café mee te gaan draaien, waar ik volgens hem gemist word. Het lukt hem om me ook letterlijk over die drempel te krijgen en ik merk, tot mijn eigen verbazing, dat het bezig zijn met boeken, het geregel met lezingen en auteurs, het schrijven over hun werk voor de plaatselijke krant me goed doen. Ik begin er weer bij te horen!

Ik pers me weer in het pak van de vlotte journaliste, zet een masker op, speel mijn rol met overtuiging. Ze moesten me eens zien bij de toneelvereniging! Ook voorbij. Ik heb genoeg aan mijn eigen drama. Na de wekenlange lethargie gun ik mezelf nauwelijks nog rust en smak de propvolle kast met mijn gevoelens dicht. Natuurlijk zal het me op een dag opbreken, dan zal die deur het begeven en word ik wellicht verpletterd onder de lawine die ik nu schrijvend probeer te verdringen. Voor mijn part stuurt men mij de hele aardbol rond, ik wil andere plaatsen zien, andere mensen. Maar mijn eerste opdracht voert me niet verder dan Zeeland en het water, het water... Ouderen interviewen die de watersnoodramp in 1953 hebben meegemaakt. Was ik maar die oorlogscorrespondente uit de film *Under Fire*, met of zonder Nick Nolte. Of Martha Gellhorn, de vrijgevochten journaliste in het kielzog van haar man Ernest Hemingway. Avontuur, gevaar! Bommen, landmijnen en sluipschutters doen me beslist minder dan de in vredige Zeeuwse huiskamers opgehaalde herinneringen aan achttienhonderdzesendertig doden, een kwarteeuw geleden.

Maar ik mag niet uit mijn rol vallen en die migraine zal ook wel weer eens overgaan.

Ze begint er overheen te komen, denkt men. Ik word flink bevonden. Flink? Ik?!

Ik bezoek een bijeenkomst van de Vereniging Ouders van een Overleden Kind en vind dat dapperder dan wanneer ik in een boshut een ontmoeting had met de tot de tanden bewapende leider van een junglecommando. Hier te durven komen, dáár moet je pas flink voor zijn. Want je ontmoet er geen 'normale' mensen; hier komen alleen ouders met ellende waarvoor een ander op de vlucht zou slaan of zeer neerslachtig van zou worden. Puur masochisme om daarbij te willen zitten. Waar ben ik in mijn flinkheid aan begonnen. Tranen wellen op, ik kan ze nog net onderdrukken. Maar waarom eigenlijk? Kijk, er zijn er nog die huilen, hier hoef ik niet langer flink te zijn. Henk zou blij zijn! Iedereen weet waarom de anderen er zijn, men heeft 'het' ervaren, mag er 'niet' uitzien, niemand hoeft bang te zijn voor nieuwsgierige ogen. Alle gevoelens zijn herkenbaar.

Ik ken hier niemand, heb nog met niemand een woord gewisseld, en voel me toch met al met deze mensen verbonden. Vooral met de vrouwen, die alleen zijn gekomen – net als ik. Ach ja, mannen zijn nu eenmaal niet zo goed in het tonen van gevoelens. Maar de dood van een kind blijkt voor velen ook de teloorgang van hun huwelijk te betekenen en na alle verhalen die ik die middag hoor kan ik ook beter begrijpen waarom de meeste echtparen na de dood van een kind niet meer samen oud kunnen – willen – worden. Maar dat zal ons niet overkomen. Ons bewust van die vervreemdingsgevaren, hebben wij afgesproken om elkaar een eigen verwerkingsproces te gunnen. De ander niets kwalijk te nemen, begrip te tonen, te helpen en te steunen of gewoon met rust te laten. Wij zijn tenslotte verstandige mensen.

Bestaan er gradaties in menselijk leed? Ben ik er minder erg aan toe dan die man wiens enige dochter van negentien in een astma-aanval stikte en hier nu zelf tussen lotgenoten probeert te ontsnappen aan zijn verstikkende eenzaamheid? Moet ik mij gelukkiger prijzen dan de moeder die haar enige dochter van zestien door een bus verpletterd hoorde worden en sindsdien vervreemd is van haar man die zijn heil zoekt in spiritisme en haar al twaalf jaar lang gebiedt om eindelijk op te houden met 'janken'? Ze jankt nog steeds, het lijkt wel alsof ze het heeft opgespaard voor vandaag. Is mijn verdriet minder groot dan dat van de moeder met zes stiefkinderen, van wie de eigen dochter en zoon van negentien en twintig frontaal met hun motor op een vrachtwagen knalden? Moet ik blij zijn dat ik geen schizofrene dochter van vijftien heb die levend begraven in een inrichting zit? Moet ik me gelukkig prijzen omdat mijn kind geen zelfmoord heeft gepleegd en ik niet ook nog kapot hoef te gaan aan gevoelens van schuld en onbeantwoorde waarom-vragen? Of stel je voor dat ik die arts was, die niet tijdig de ernst van de hersenkwaal van zijn stiefzoontje heeft ingeschat en nu verder moet leven met de verwijten van zijn vrouw.

Er bestaat geen verdrietbarometer, al lijkt het opeens of het eigen leed iets draaglijker wordt. Toch voel ik me wél zieliger dan de moeder van wie het derde kind, een zoontje na twee meisjes, twee dagen na zijn geboorte overleed aan een hartinsufficiëntie. Ik heb tenslotte bijna veertien jaar jongensherinneringen begraven. Het wordt me echter al snel duidelijk hoe onrechtvaardig deze gedachte is. Ieder mens heeft recht op rouw en zijn eigen manier van verwerken.

Uit het raam kijk ik op het Vondelpark. Daar gaat het leven ongestoord verder. Joggers, een enkele fietser, twee jongetjes bij de vijver. Als ze maar uitkijken! Gebiologeerd blijf ik staren naar de kinderen die met stokjes aan de waterkant spelen. Pijn. Het is allemaal zo wezenloos, een horrorfilm waarin ik niet wil meespelen. Ik wil weg. Maar ik moet vertellen. En als de man die niet wil vereenzamen, begint te huilen stop ik even tot hij zelf vraagt of ik weer verder wil gaan.

Ja, ik ben heel flink geweest. Heb de hele dag uitgezeten. Een voor één verdwijnen de mensen stilletjes na het laatste kopje koffie. Eén afscheidswoord, de zijden draad waaraan ze zich allemaal vastklampen om 'het' te overleven: 'Sterkte.'

Rouw, zo blijkt, is heel persoonlijk. En ieder mens gaat er op zijn eigen manier mee om. Het verwerken van verdriet verloopt niet parallel en synchroon. Er ontstaan stille, onderhuidse verwijten, teleurstellingen, onbegrip. Mensen die elkaar door en door menen te kennen staan, nu ze hun evenwicht hebben verloren, als volslagen vreemden – vijanden soms – tegenover elkaar. Ze voelen in vertwijfeling zichzelf, de ander en hun relatie in drijfzand wegzakken.

En ook wij kunnen niet meer doen dan verlamd ondergaan dat onze verstandige afspraak geen rekening houdt met onbedwingbare psychische processen waarin we ten onder dreigen te gaan als in een zompig moeras. Alle zekerheden zijn onder ons weggeslagen en de mooie theorieën lopen stuk op de weerbarstige werkelijkheid. Woede en onmacht zoeken een uitweg zonder er een te vinden. Voorheen was er een grote behoefte aan de nabijheid van de ander; nu lijkt het opeens of we elkaar alleen nog maar voor de voeten lopen.

Maar we gaan door. We worden meegesleurd in de maalstroom van de tijd; de dagen, weken en maanden razen als een hogesnelheidstrein voorbij. Wazige flitsen van toeschouwers en niemand die het gevaarte kan tegenhouden. We werken weer te veel en te hard. Zo lukt het tenminste een beetje om tussen de ochtenden – die beginnen met de gedachte aan John – en de nachten – die inzetten met de pijn om het verlies en de leegte die nooit meer is op te vullen – wat minder te denken aan wat we nu zo langzamerhand toch verwerkt moeten hebben, volgens hen die het nooit hebben meegemaakt.

Een dag na hun overlijden werden John en Mark door justitie 'vrijgegeven'. Politiefunctionarissen verzekerden de ouders dat ze met geen enkele vraag zouden blijven zitten. Nu we weer enigszins helder kunnen nadenken, beginnen die vragen vorm aan te nemen. Waarom werden wij nergens van op de hoogte gesteld? Om piëteitsredenen? Een té gemakkelijk antwoord. Waarom reageerde de op kerstavond diensthebbende arts van het ziekenhuis later zo wrevelig en weigerde hij de naam van de lijkschouwer te noemen, zodat het ons een aantal moeizame telefoontjes kostte om erachter te komen wat er precies gebeurd was? Waarom verbaasde zowel de zeeman als de begrafenisondernemer zich over het gebrek aan water in de longen van de 'drenkelingen' en werd daar geen aandacht aan besteed? Was de 'verdrinkingsdood' van twee jongens die uitstekend konden zwemmen de simpelste verklaring en keek men daarom maar gemakshalve over de grote bloeduitstortingen op de ruggen van de jongens heen? Veel vragen dus, waarop de antwoorden ons zeer belangrijk lijken.

Maar inmiddels heeft het zwembadbestuur zijn strategie bepaald. Operatie Doofpot is in werking getreden. De bedrijfsleider blijft wanhopig volhouden dat in hún zwemparadijs alles prima in orde en geregeld is. 'Wij proberen het werkelijk zo veilig mogelijk te maken, maar het publiek moet zelf ook meewerken en daar schort het op het ogenblik in Nederland aan', lees ik in de krant. 'Vroeger was het allemaal makkelijker: de mensen luisterden beter, ze waren gedisciplineerder. Vandaag de dag is iedereen hartstikke modern en weet men het altijd beter dan een ander.' De twee jongens hebben 'gevaarlijke spelletjes' gespeeld, aldus de bedrijfsleider. Het interview komt erop neer dat ieder kind boven de zes toch zou moeten weten dat zo'n zwembad met al die spelattributen in wezen niet bedoeld is om te spelen, maar om rustig met de bejaardenclub om zeven uur 's ochtends baantjes te trekken.

De woede verdringt even de verslagenheid; de hand die de vermaledijde pomp aanzette, kan dus enkel die van het noodlot zijn geweest en het noodlot is even ongrijpbaar als een misdadiger die zonder duidelijke wetsbepalingen van alle blaam gezuiverd wordt.

Ik wil weten waarom twee jongens op zo'n krankzinnige manier moesten sterven. Hoe gebeuren zulke dingen? Natuurlijk is het niet met opzet gebeurd. Niemand heeft met voorbedachten rade twee kinderen willen laten verdrinken. Toch is het gebeurd en iemand is daar verantwoordelijk voor. Ik ben een van de moeders, maar ook journalist. En een journalist is nieuwsgierig, en kan het onderzoeken niet laten. Pech voor het zwembadbestuur. Met het zweet in de handen ga ik zwembaden bezoeken. Terwijl ik nauwelijks naar het water kan kijken heb ik er gesprekken met bedrijfsleiders. De meesten zijn verrassend open, alsof ze eindelijk hun hart kunnen luchten. Zo wordt het me snel duidelijk dat de wetgeving betreffende de veiligheid in de zwembaden zo lek is als een mandje en het vooral een kwestie is van gezond verstand en verantwoordelijkheidsbesef. Niemand wil zijn handen branden, heikele zaken worden vrolijk doorgespeeld, hoger en hoger, tot iemand weer de commercieel aantrekkelijke doofpot tevoorschijn haalt.

Er zijn weliswaar bedrijfsleiders die beweren dat een dergelijk ongeval bij hen nooit had kunnen plaatsvinden, maar er blijken zowel in gewone als subtropische plensparadijzen al ettelijke bijna-rampen te zijn gebeurd. Van 'hogerhand' zouden de zwembaden attent zijn gemaakt op mogelijke gevaren, maar in Driebergen wordt beweerd dat men een dergelijk schrijven nooit ontvangen heeft. Daar heeft men waarschijnlijk ook nooit gehoord van gezond verstand en verantwoordelijkheidsbesef. De conclusie van al dit fraais is volgens één van de geïnterviewden heel simpel: 'In principe komt het erop neer dat elke Nederlander elk moment weer "pech" kan hebben, het hangt er maar van af waar hij woont.' Wie zich in een zwembad waagt, moet maar vertrouwen op de hersens van het personeel. Onze jongens hebben pech gehad met het 'mooiste zwembad van de Utrechtse Heuvelrug'.

Ondertussen willen ook andere zwembadbezoekers hun ervaringen kwijt. Ze bellen, schrijven en mijn dossier wordt steeds dikker. Er komen ook onaangename brieven. Een schrijver vindt dat de jongens zelf schuldig zijn en heeft een nieuwe variant van de tragedie bedacht: '... Het is vreselijk, dat de bedenker van dit spel nog de ander in de dood heeft meegesleept. (...) Het bezoeken van een zwembad vereist voor allen boven de kleuterleeftijd toch een zekere mate van verantwoordelijkheidsgevoel ten opzichte van zichzelf en van anderen. Tegen de in de pers veronderstelde speelsheid van de slachtoffers lijkt mij helaas nooit voldoende toezicht mogelijk. Erg onbevredigend, nu de gevolgen van hun spel zo onherroepelijk zijn! Arme jongens, arme ouders en: arme medewerkers van de Zwoer.'

Arme briefschrijver die er niets van begrepen heeft.

Langzaam, aangedreven door een zachte bries in plaats van de windkracht tien die ons voor ogen staat, beginnen de gerechtelijke molens te draaien, niet méér voortbrengend dan wind. Wij maken ons weinig illusies, maar rekenen op gerechtigheid, al zouden we kunnen weten dat gerechtigheid in de loop der mensheid nooit méér is geweest dan een loos woord of voorbehouden aan hen die de macht en goede relaties aan hun zijde hebben.

Verhoren vinden plaats. De marinier die de cafetariahouder had horen foeteren – 'Hebben ze wéér die rotpomp aangezet!' – wordt echter niet opgeroepen. Een 'wéér' dat bij de rechtbank belangrijk zou kunnen zijn, maar de biertapper is liever zijn geheugen en zijn geweten kwijt dan zijn baantje en zijn inkomen. Hij is niet de enige. Via de dorpstamtam is inmiddels bekend dat het badpersoneel al geruime tijd niet bijster gelukkig is met de werkomstandigheden en er zelfs werd verwacht dat er 'eens iets fout' zou gaan. Maar nu het erop aankomt lijden ook zij aan geheugenverlies.

Evenmin wordt de vrouw opgeroepen die ons schreef: 'Die middag zette ik rond halfdrie mijn kinderen met hun vrienden bij het zwembad af. Enkele minuten vóór 16.00 uur keerde ik terug om hen op te halen. Van ± 16.00 tot ± 16.20 uur heb ik staan wachten in de hal, waarbij ik permanent het diepe bad kon overzien. Enkele kinderen waren daarin aan het zwemmen. Gedurende deze twintig minuten heb ik geen enkele keer iemand van het personeel bij het diepe bad gezien.'

Medio maart worden beide ouderparen apart bij de officier van justitie ontboden. Dat komt, zo denkt hij, misschien 'wat minder hard' aan dan wanneer ze morgen cru in de krant zullen lezen dat de dood van hun kinderen slechts te wijten is aan een noodlottige samenloop van omstandigheden en niemand vervolgd zal worden. Je schijnt namelijk niemand te kunnen vervolgen omdat hij overdag een pomp heeft aangezet als nergens expliciet in de wet staat dat het niet mag. Zelfs niet als daar twee kinderen door om het leven gekomen zijn.

Dat de officier van justitie ons zijn persoonlijke bedenkingen over de gang van zaken in dit ene zwembad onder zes ogen kenbaar maakt, staat niet in de krant. De onduidelijke wetgeving betreffende de hygiëne en de veiligheid in de zwembaden in het algemeen lieten hem geen andere keuze dan deze uitspraak die er in onze ogen geen is.

Moeten de minister of de inspecteurs van Volksgezondheid dan soms zelf aangeklaagd worden wegens – volgens de wet – 'nalatigheid, de dood tot gevolg hebbend'? Of de onder hun autoriteit werkzame ambtenaren, die door Gedeputeerde Staten, burgemeester en wethouders zijn belast met de naleving van het staatstoezicht op de volksgezondheid? Tóch een zaak voor justitie, zo lijkt het ons. Het zwembadbestuur is opgetogen dat er niet vervolgd zal worden en anderen zijn dat kennelijk mét hen, want er worden bloemen en taarten bezorgd.

'Niet vervolgd betekent nog niet onschuldig', zo werpt de officier van justitie de ouders een mager bot toe. Een zwakke troost waarvan slechts ambtenaren de logica kunnen inzien. 'Als u er nog iets aan wilt doen, zult u hogerop moeten.' Tussen twee vaders, twee moeders en hun advocaat enerzijds en ongrijpbare instanties anderzijds begint een slopende en frustrerende briefwisseling. De bureaucratie van een zogenaamd geciviliseerd land blijkt ondoordringbaarder dan het regenwoud. Het hoger beroep bij het gerechtshof in Amsterdam kan een zaak van lange adem worden: daar worden nog dossiers van twee jaar geleden behandeld. We hebben geen haast, al zouden we moeten wachten tot in het hiernamaals en daar ziet het wel naar uit.

Kamerleden beloven hun medewerking, maar vlak voor de verkiezingen staan er andere belangen op het spel dan de veiligheid van duizenden kinderen in 's lands waterspeeltuinen. De minister van Volksgezondheid treedt af en zijn opvolger besteedt er geen aandacht aan. Gedeputeerde Staten laten weten dat 'indien daartoe aanleiding bestaat zij ernstig (zullen) overwegen om nadere voorschriften te stellen wat betreft de Wet Veiligheid en Hygiëne Zwembaden'. Drie dode kinderen in één zwembad zijn kennelijk geen aanleiding.

Hoewel de schrik er bij de plaatselijke ouders goed in zit en er nog maar weinig vertrouwen blijkt te bestaan in het zwembad, merken we dat we zo langzamerhand op onbegrip en zelfs verzet stuiten. Het is allemaal verschrikkelijk geweest, maar het moet eens een keer afgelopen zijn, daar komt het op neer. Terug naar de orde van de dag.

Na de Tros-uitzending over de (on)veiligheid in Nederlandse zwembaden hoor ik van een enkeling dat mijn optreden en mijn visie op de gang van zaken 'niet zo'n beste indruk' hebben gemaakt op hen die ik verantwoordelijk acht voor de dood van mijn zoon. Maar dat is mijn minste zorg.

Waar we ook maar beter over kunnen zwijgen is het schadefonds voor slachtoffers van geweldsmisdrijven. Een officiële stichting van het ministerie van Justitie waarvan jaarlijks miljoenen ongebruikt blijven omdat zelfs advocaten hun cliënten niet altijd van het bestaan ervan op de hoogte brengen. Maar noch wij, noch de ouders van Mark kunnen daar aankloppen. Onze kinderen is immers niet de hals doorgesneden, ze zijn niet aangerand, niet 'echt' vermoord. Ze zijn alleen maar vastgezogen aan het rooster van een zwembad. Willen wij soms een slaatje slaan uit de dood van onze kinderen?

Wij willen gewoon gerechtigheid en voor iedereen de overtuiging en het bewijs dat het niet aan de jongens heeft gelegen, dat het niet hún schuld is wanneer een zwembad een poel is waar de dood op de loer ligt. Zin geven aan een zinloze dood. Ook andermans kinderen behoeden voor toekomstige catastrofes.

Eigenlijk moesten we het bijltje er maar bij neergooien.

Maar dat deksel moet van die doofpot.

*Welch ein törichtes Verlangen treibt mich in
die Wüsteneien?*

WILHELM MÜLLER, *Die Winterreise*

De nachten worden korter en de dagen langer. De trekvogels keren hoopvol terug uit het Zuiden en de krokussen banen zich rillend een weg uit de ontdooiende aarde naar het zonlicht dat door het nog tere groen valt. Het voorjaar dringt door deuren en ramen en de onstuitbare levensdrift van een ontwakende wereld verdrijft de schaduwen van de winter en de dood. Maar de ijskorst om onze harten smelt niet. Groter dan de ontroering om het nieuwe leven is de pijn om een kind dat nooit meer een nieuwe lente zal zien bloeien. Zelfs de ontzielde kerstboom die we bij zijn lotgenoten van vorige jaren in de tuin hebben geplant voelt er, dof en bruin, kennelijk niets voor om overeind te blijven na alles wat hij – stilzwijgend en nutteloos opgetuigd – heeft moeten aanschouwen.

Maar zoals de dieren hun snuit weer uit het hol durven te steken en nieuwsgierig de voorjaarsgeuren opsnuiven, zo verlaten ook wij schoorvoetend ons leger om weer een beetje te proberen te leven. Het is echter alsof het zonlicht of het leven zelf ons verblindt en we als pasgeboren lammeren op wankele pootjes eerst weer moeten leren lopen. Maar dan liefst zonder toeschouwers. We gaan met z'n allen naar Vlieland.

Afgesneden van de rest van de wereld, daar waar de Noordzee zich met bruut geweld een weg baant naar de Waddenzee en op de duinen beukt, op een reepje land waar de eeuwige wind het zand leven inblaast, proberen we tussen de aalscholvers en de meeuwen onze verstijfde vleugels weer uit te slaan. Geborgen in de anonimiteit van het eiland zijn we eindelijk weer een gewoon gezin – een verademing, ruimte die we in ons dorp nooit meer zullen vinden. Lange wandelingen langs een eenzaam strand, heen en weer geslingerd tussen de eb en de vloed van berusting en opstandigheid. Uit de golven stijgt de lokroep van de waternimf op en de verleiding is groot. Wanneer de nevelflarden boven het eiland schuiven en de hemel boven de branding in vuur en vlam staat, zie ik – alsof het heelal een stilzwijgende samenzwering heeft beraamd – John op een duintop staan. Zal ooit de vrede in ons neerdalen, zoals de zon in de grijze schemering van de avond in de onpeilbare diepten van de oceaan verzinkt?

De zee deint op het ritme van de wind; op het brede, verlaten strand zijn tientallen kwallen aangespoeld. In het vochtige zand hebben zich meer sporen van watervogels en paardenhoeven vastgezet dan van mensen. Een hongerige meeuw schrokt een gestorven collega op. De één zijn dood... Bij eb redden we een gewonde Jan van Gent van de naderende verdrinkingsdood. Hij laat zich gedwee naar de Vogelwacht dragen, maar is al erg verzwakt en als we hem en dag later een bezoekje brengen is hij dood. Een onbekende vogel, die we maar even in onze armen hebben gehouden, en toch zijn we droevig. Waar kwam hij vandaan? Wat had hij meegemaakt? Misschien ging hij wel dood van verdriet – bij dieren schijnt dat gemakkelijker te lukken dan bij mensen.

Weer thuis blijkt ook de kanarie gestorven. Water en graantjes zijn onaangeroerd, aan zijn snavel zit een korstje bloed. Het moet al op de eerste dag van zijn eenzaamheid gebeurd zijn. Plegen kanaries zelfmoord? Misschien wilde ook hij zijn vleugeltjes eens uitslaan. Hoe vals klinkt de belofte van een nieuw vogeltje bij het voor een volwassene onevenredige kinderverdriet dat meer behelst dan alleen de dood van Tweetie. En eigenlijk wil ik geen dier meer in een kooi.

Ons werk, maar meer nog onze innerlijke rusteloosheid drijft mijn man en mij half juni naar Noorwegen, waar de midzomernacht nadert. Zoals gewoonlijk zal hij de foto's bij mijn verhaal maken. Een prettige combinatie – zowel voor de opdrachtgever, als voor onszelf. De reportage gaat deze keer over een Noors team dat zich voorbereidt op een Zuidpoolexpeditie. In het plaatsje Finse glijdt de stilte van een adembenemend, totaal verlaten landschap genadig over ons heen. Een stilte, slechts af en toe verscheurd door de klaagzang van de Greenland Husky's; een onaards mantra van hondengeblaf, wolvengehuil en mensengejammer. Echt donker wordt het niet en waar het gouden licht over de gletsjertoppen en bevroren meren schuift, schijnen ook de mensen over nieuwe krachten te beschikken. We slapen weinig en in de schemering van de Noorse nacht probeer ik een teken van mijn zoon te ontdekken. Zou hij ons helemaal hierheen gevolgd zijn? Bij elke krakende stap in de sneeuw is het alsof hij naast me loopt. Kon ik maar mee met de verre tocht naar het eeuwige ijs en voor altijd onder deze lakens blijven liggen.

Terug in de bewoonde wereld. Opwaaiende zomerjurken, in de tuinen worden parasols en stoelen met fleurige kussens neergezet. Binnen, in vrijwillige afzondering en volstrekte minachting voor de koperen ploert, blijf ik hardnekkig de zomer negeren en 'reis' ik in mijn werkkamer schrijvend langs de eeuwige ijsvlakten van Antarctica.

Andere mensen reizen liever naar het Zuiden. Men heeft gepland, ervoor gespaard, en nu de vogels weer op hun vertrouwde nesten zijn neergestreken, zet de massale exodus naar de zon zich in beweging. Va-kan-tie! Wij zien ertegen op, maar omwille van Tanja en Tom, die zich samen met John hadden verheugd op het weerzien met vertrouwde plekjes en vrienden, sluiten we ons aan bij de moderne nomaden.

Bij het Gardameer een stralende zon en de bonte vleugels van honderden surfplanken op het zilveren water. Ik kan er niet naar kijken. Waar vroeger triomfantelijk gejoel van de achterbank opsteeg, hangt nu loodzware stilte. Automobielen en knetterende motoren langs de tunnels van de Gardesana Occidentale, de kilometerslange kustweg. Tot ik door een waterig waas de vertrouwde en ieder jaar iets meer verweerde kalkletters op de rotswand zie: *Benvenuto a Tremosine*.

Langs de slingerweg, hoog de bergen in, bloeit de plantenwereld even weelderig en groen als in vorige jaren. Niets is veranderd, ook de inham boven het adembenemende panorama niet, waar ik pas twaalf maanden geleden nog met al mijn kinderen gelukkig in de lens heb gekeken. Ze zijn er allemaal, op het dorpsplein: Agostina, Gian-Luigi, Emiliana, Angelisa en Giorgio, Mauro, Luca, Angelo en Rosa. Hun namen glijden als zoete chianti over de tong, hun omhelzing voelt warmer dan de hoge zon op het middaguur. Na mijn brief, waarin ik had verteld hoe de sombere Hollandse hemel boven onze hoofden was ingestort, heeft een heel Italiaans dorp gerouwd om een blonde jongen die hier elke zomer de gelukkigste dagen van het jaar beleefde en dan weer verdween, maar er net lang genoeg was geweest om zijn vrolijkheid in ieders herinnering na te laten.

We hadden opgezien tegen de ontmoeting, maar nu is alles goed. Dit dorp is ons dorp, deze mensen zijn onze familie. Ik wou dat ik hier kon blijven en me koesteren in de verbondenheid van een kleine gemeenschap die nog niet ten onder is gegaan aan het moderne leven en in stille eenvoud als een moederkloek haar koesterende vleugels om ons heen slaat. Ik wou dat ik voor de rest van mijn leven iedere dag even in het duizend jaar oude kerkje kon gaan zitten, in de koelte beschutting zoekend tegen de mediterrane zon en de wereld erbuiten en er een lichtje voor John laten branden.

Waarom voel ik me dan tegelijkertijd zo ontheemd? Zonder John is dit dorp met al zijn herinneringen ons dorp niet meer. Overal heeft hij zijn voetstappen staan, overal rinkelt zijn lach nog na. Wat doen we hier eigenlijk nog?

Niets is bestand tegen '*il destino*', zegt Agostina, terwijl ze ons met wijnen en pasta's troost. Gian-Luigi schuift de zoveelste pizza in de oven, veegt de zweetdruppels van zijn voorhoofd en de tranen uit zijn ooghoeken en voegt er filosofisch aan toe: '*Ma la vita continua.*' Het leven, niet meer dan een vlinderdroom, gaat inderdaad verder. Overal ter wereld en te allen tijde schijnen mensen daarvan overtuigd te zijn. Na Verdun, Auschwitz, Hiroshima en al die andere plaatsnamen ging het leven gewoon verder.

In de schaduw van de pijnbomen, in het gezelschap van argeloze koolwitjes en krassende krekels, schrijf ik voor het eerst weer in mijn dagboek en vul de lege bladzijden na de laatste regel op 23 december: 'Morgen is het kerstavond...'

'... De reis was een nog grotere verschrikking dan ik had verwacht. Twaalfhonderd kilometer tevergeefs vechten tegen het vretende verdriet en het besef dat mijn zwijgen ook de anderen ontmoedigt, waardoor ik me nóg vertwijfelder voel. Ik weet dat ik iets had moeten zeggen, de drukkende stilte verbreken, maar ik kon geen woord over mijn lippen krijgen. Ik zat maar in die auto, liet de snelwegen onder me wegflitsen en staarde voor me uit, de blik letterlijk op oneindig, vervuld van één gedachte, één beeld: John, en die lege plek achterin. Meer ruimte, dat wel...

Het ondraaglijke gevoel dat hij steeds verder van me verwijderd was, dat ik voorlopig niet naar zijn graf zal kunnen gaan, al is het iets draaglijker omdat een vriendin heeft aangeboden het in mijn plaats te doen. In elke *Raststätte* die ene honende, lege stoel en in het Oostenrijks pension dat ene, lege bed. Hoe dichter we de bestemming naderden, hoe erger het allemaal werd. De bijna niet te onderdrukken drang om midden op de snelweg de deur open te gooien. Zó gebeurd. Eindelijk rust. Mijn plek is niet meer hier, maar 'boven', ergens ver weg achter de Tiroolse regen en de laaghangende ochtendnevels, bij mijn kind dat al maanden lang wacht op mama die maar niet komt.

Wat ik vreesde, is inderdaad gebeurd: na al die maanden van vluchtgedrag heeft de 'deur' waarachter ik mijn gevoelens had weg gepropt, het begeven.

Er staat nu een heet bad voor me klaar, ik wil proberen de verdwazing een beetje van me af te wassen en laat me dan als in een doodskist tussen de witte lakens glijden. Misschien kan ik het morgen opbrengen om mijn gezin te laten zien hoe wanhopig veel ik van hen hou, gewoon door met hen op het terras op de *piazza* een ijsje te gaan eten. Ik wil zo graag weer gelukkig met hen zijn, maar ik kan het niet. Ik kan het nog steeds niet. Ik word verscheurd door de onmacht om van mijn levende kinderen te genieten omdat ik vervuld blijf van het dode. Als in een diepe kerker zonder licht, zit ik op de bodem van mijn eigen ziel kapot te gaan.'

Tanja is niet over naar het volgende jaar en pas nu in Italië, na zeven maanden van zwijgen, begint ze te vertellen over haar eenzame angsten, wanhoop en dromen over John. 'Het is alsof ik een hele diepe zucht heb geslaakt...' Marguerite Yourcenar, zelf niet onbekend met kinderlijke eenzaamheid, heeft als oude, wijze dame gezegd: 'Ik geloof dat het vroege wennen aan eenzaamheid een oneindig goed iets is', maar ze voegde er meteen aan toe: 'Een jong mens moet vergeten en leven.' Het doet me goed om te zien dat mijn kinderen in het *dolce far niente* van de Lombardische zomer een beetje vergetelheid vinden, weer kunnen lachen, her-leven. En mijn man belt iedere dag naar de zaak. Daar gaat alles gelukkig ook goed.

Terwijl zij het leven weer omarmen, lees ik boeken over leven-na-de-dood, verdriet en troost en waarom het kwaad goede mensen treft. Ik wil weten hoe het John 'erna' is vergaan, waar hij is – hij móét nog ergens leven en gelukkig zijn. Is hij nu echt samen met andere overleden kinderen? Is hij samen met Mark en gelukkiger dan hier? Vinden ze troost bij elkaar? Mijn man weigert koppig om ook maar één boek in te kijken. En ik weet dat hij gelijk heeft. Ik heb ook nooit van dit soort zelfhulpboeken gehouden. Geloofde er niets van. Maar nu probeer ik in zaken te geloven waar ik vroeger mijn schouders voor ophaalde. Dood was dood, zo was mijn overtuiging. Afgelopen. Een mens hoorde op aarde gelukkig te zijn. En wat moest ik me voorstellen bij het hiernamaals? Zo dacht ik voor die dag in december. Nu niet meer. Ik geloof nu dat ik mijn zoon ooit terug zal zien; het is de enige troost, de enige hoop op een weerzien, het enige wat me overeind houdt.

Toch krijgt het verstand de bovenhand en uiteindelijk klap ik de boeken allemaal dicht om ze nooit meer te openen. Het beetje schijn en aanvaarding dat sommige brengen, weegt niet op tegen de gevaren die zij kunnen inhouden voor mensen die door hun verdriet op drift zijn geslagen. Trouwens: zijn wij wel 'goede mensen'? Ik zoek mijn troost nu in de kleine dorpskerk. Als ik er op een stille middag binnenstap, wordt de ruimte gevuld door orgelklanken die als dolksteken mijn hart doorboren. Weer ga ik twijfelen of er niet toch meer is tussen hemel en aarde, want het kan toch geen toeval zijn dat de organist, alleen voor mij, Johns lievelingslied speelt, geen psalm of cantate, maar een popnummer waarvan de tekst nu een selffulfilling prophecy lijkt.

As far as my eyes can see
There are shadows approaching me
And to those I left behind, I wanted you to know

You've always shared my deepest thoughts
You follow where I go

And oh, when I'm old and wise
Bitter words mean little to me
Autumn winds will blow right through me
And someday in the mist of time
When they asked me if I knew you
I'd smile and say you were a friend of mine
And the sadness would be lifted from my eyes
Oh when I'm old and wise

As far as my eyes can see
There are shadows surrounding me
And to those I leave behind, I want you all to know
You've always shared my darkest hours
I'll miss you when I go

And oh, when I'm old and wise
Heavy words that tossed and blew me
Like autumn winds will blow right through me
And someday in the mist of time
When they ask you if you knew me
Remember that you were a friend of mine
As the final curtain falls before my eyes
Oh, when I'm old and wise...[2]

---

[2] 'Old and Wise' van Alan Parsons Project

Een paar keer zet ik een brede strohoed op en stal mijn teken- en schilderspullen tussen de olijfbomen uit. Een tafereeltje als op een impressionistisch schilderij, maar de idylle is bedrieglijk. Als een mooie vrouw die haar minnaar wil behagen, heeft de natuur haar schitterendste kleuren over de bergen en in het dal uitgespreid, maar op mijn palet liggen slechts klodders zwart en wit en uit de penselen bloeit geen paarse bougainville. Wie een nieuwsgierige blik over mijn schouder werpt ziet droeve, zwartgeklede vrouwengestalten op kerkhoven en ijsvlakten, verloren in hun eenzaamheid en steeds op de rug gezien. 'Waar ben ík dan?' vraagt mijn man. Ik maak een houtskooltekening, hij en ik, twee gebogen ruggen, geen gezichten. Ik denk dat het mijn lievelingstekening wordt.

'... Italië heeft niet aan mijn verwachtingen voldaan. Welke had ik dan? Had ik soms verwacht hier het geluk weer te vinden? Eigenlijk zijn we allemaal blij dat we gewoon weer thuis zijn. En mijn echtgenoot duidelijk nog het meest. Ik zoek nu troost bij Johann Sebastian, Wolfgang Amadeus en Ludwig, die me meenemen in hun andere wereld, op een onmeetbaar hoger plan dan het onze, ver verheven boven de aardse mensen, hun kwaad en hun verdriet en lichtjaren verwijderd van de stoel waarin ik me met hun hemelse muziek laat meevoeren naar de Elysische velden...'

Ik heb het een hele tijd voor me uitgeschoven, wil mijn gezin niet in de steek laten, maar ik denk dat mijn aanwezigheid zo langzamerhand een grotere belasting wordt dan een kortstondige afwezigheid. Misschien is het voor iedereen beter als ik er een paar dagen tussenuit ga. Liever dan me eenzaam te voelen bij de mensen die ik het hardst nodig heb maar niet meer kan bereiken, ben ik helemáál alleen. De dingen op een rijtje zetten. De agressie en het verdriet van me af wandelen en laten wegwaaien met de westenwinden. In een omgeving die overeenstemt met mijn innerlijke verlatenheid zal wellicht wat vrede in mijn ziel neerdalen. Tijdens het hoogseizoen mijd ik de Waddeneilanden; slechts in het voor- en najaar, als ze de toeristenstroom van zich hebben afgeschud en de natuur weer opgelucht kan ademhalen, zijn ze zoals ze horen te zijn: wonderlijk stil en onbeschrijflijk mooi, als een vermoeide huishoudster die aan het eind van de dag haar stofjas uittrekt en daaronder een schitterende feestjurk blijkt te dragen. Ik verlang naar 'mijn' eiland van stilte en rust, de enige plek ter wereld waar ik hoop weer tot mezelf te kunnen komen. Begin september pak ik mijn koffer en ga.

De loofbomen zijn ontbrand in een koperen gloed, maar tot in Zwolle blijft de lucht als een grauwsluier boven de akkers hangen. Op de cadans van de wielen dreunt de trein noordwaarts en met elke omwenteling ben ik verder verwijderd van het huilerige afscheidsgevoel dat al bijna twee uur achter me ligt. *Partir, c'est mourir un peu.* Hier en daar raast de intercity langs een doodse nieuwbouwwijk, ontwórpen door mensen die er waarschijnlijk niet hoeven te wonen. Daarna flitst het fraaie, Friese landschap aan me voorbij, zo plat als een dubbeltje. Land van stijfkoppen en schilderachtige, dure boerderijen met groene luiken en frisse, witte valletjes; van ganzen, schapen en koeien, tevreden met een eenvoudig bestaan op sappige weiden. Op een doodgewone maandag, opgedoft als voor een folkloristische optocht, schoffelen weldoorvoede boerinnen hun tuintje of hangen de was in de wind te wapperen. Ik wist niet dat ze nog bestonden, oorden waar de tijd heeft stilgestaan. Of toch niet? Zeer eigentijdse en zeer on-Friese naamborden als 'Computercentrum' en 'Home Center' helpen de bekoorde reiziger al snel uit zijn simpele droom. De tijd haalt alles in. Maar ik geloof niet meer dat hij alle wonden heelt.

Donkere wolken hangen laag over het land. Ik kijk naar de wereld als door een softlens. De weidsheid wordt weidser en de rust valt als een donzen dekbed over me heen. Kan het zijn dat ik me toch weer een beetje gelukkig voel?

In Leeuwarden is de zon in volle glorie doorgebroken. En dan, de oude, idyllische straatjes van Harlingen en de geur van de zee! De veerboot ronkt rustig – eindelijk stilte, vrede. Wanneer de haven uit het gezichtsveld verdwijnt, word ik overspoeld door een gevoel van intense bevrijding. Ik heb een goede beslissing genomen.

In het benedenruim heb ik een plaatsje gezocht aan het raam waar ik – hopend dat de horde middelbare scholieren het bovenruim in beslag zal nemen – de golven tegen de boeg kan zien klotsen. Maar zelfs in deze rustiger periode van het jaar word ik geconfronteerd met de realiteit van een wereld waar echt alleen zijn niet meer mogelijk is. De jongeren maken zich meester van de hele boot en ik probeer me af te sluiten voor het geschreeuw en de schuttingtaal, het constante heen- en weergeloop. Ben ik dan zelf nooit jong en uitgelaten geweest? Wat ben ik dan snel oud geworden en hoeveel minder dan ik ooit had gedacht kan het me nu nog schelen. Maar ik mag mijn kinderen niet beletten jong en uitgelaten te zijn, ook zij hebben het recht zo lang mogelijk te denken dat ouderdom iets is voor oude mensen.

De boot deint steeds sterker heen en weer en ruikt naar urine. Ik word misselijk en voel de hoofdpijn opkomen – altijd weer die hoofdpijn. De scholieren knagen op popcorn en chips, zetten flesjes bier aan hun mond en voelen zich volwassen, alsof dat het allerleukste is wat een mens kan overkomen. Ze hebben blijkbaar een weddenschap afgesloten wie het hardst kan boeren. Gedragen mijn kinderen zich ook zo als ik er niet bij ben? Gedroeg John zich zo?

Ik pak mijn tas en zoek verlichting in de frisse zeelucht op het dek. Het gekrijs van de meeuwen en scholeksters op de zandplaten klinkt me als muziek in de oren. Ik sla de kraag van mijn jas op en zou zo nog uren kunnen staren over de zee en in de open, helderblauwe lucht waarin donzige wolkjes drijven als toefjes opgeklopt eiwitschuim.

Tegen twaalven loopt de Vlieland het haventje binnen. Ik wacht tot iedereen de boot heeft verlaten en stap als laatste de loopplank af. Op de kade staan gepensioneerde vissers het schouwspel gade te slaan. Ik haal mijn koffer van het karretje en slenter richting Dorpsstraat. Gelukkig zijn de scholieren de andere kant opgegaan en, hoe klein het eiland ook is, ik weet dat ze als door een wonder zullen worden opgeslokt en ik hen niet meer zal zien.

Zoals steeds ga ik eerst de vuurtoren groeten: 'Dag, oude makker, ik ben er weer!' Gevlucht voor ... mezelf, denk ik. Maar al was ik naar Mars gevlucht, dan nog had ik mezelf meegenomen. En hier zit ik dan, alleen met mezelf – het zal nog moeten blijken of dat goed gezelschap is.

De eerste dag nadert te snel zijn einde. In de haven kondigt de laatste veerboot toeterend zijn vertrek aan. Gelukkig, vandaag kan ik niet meer weg. De avond valt in stilte, maar is vol van ongrijpbare, mysterieuze geluiden: het oergefluister van de natuur. Scharlaken luchten verzinken in de horizon en een bijna bovennatuurlijk licht baadt de zee in een zilveren glans.

Op het eiland zijn de nachten donkerder en dieper dan op het vasteland, slechts doorkruist door de hoge lichtstraal vanaf het Vuurboetsduin. Vanuit mijn hotelkamer kijk ik over de Waddenzee en in de heldere, inktzwarte hemel zoek ik Grote Beer en Kleine Beer en die ene planeet die door engelen wordt bewoond. De Beren zie ik, maar die ene engel niet.

Ik heb een nachtmerrie, alsof kwade geesten een veldslag uitvechten en ondertussen weet ik zeker dat ik het allemaal al eerder heb gedroomd. Om me heen is alles donker en duister: het is nacht, ik stap in een vrachtwagen, wil ergens van wegvluchten. Even later stopt de chauffeur op een groot stadsplein en ontpopt hij zich tot een kwelgeest, met klauwen die me willen grijpen en ik ren, ren, ren, terwijl hij woedend achter me aan loopt. Opeens een massa mensen, maar niemand die me helpt, integendeel: in vervoering strekken ze hun handen naar mijn achtervolger uit en gillen 'Satan! Satan!' Dan word ik wakker. Bang, in een vreemd bed in een stikdonkere kamer. Ik denk dat ik de terrasdeur niet heb afgesloten! Maar als ik de ontwakende vogels weer op het wad hoor, verjaagt het ochtendlicht mét de duisternis ook de spookbeelden. De volgende nachten droom ik veel, maar rustig, alsof mijn onderbewustzijn ook met zichzelf in het reine probeert te komen.

Overdag, op de witte schelpenpaden, gejaagd door de wind, met in mijn oren de mooiste pastorale van snaterende eidereenden en roepende wulpen, durf ik weer door Gods schepping te fietsen. *Alone, alone, all alone*[3]. Alleen, niemand die me ziet – een oergevoel alsof ik het enige, nog levende wezen op aarde ben. Geen scholieren zover ik kijken kan – enkel twee fietsers, jong en gelukkig in hun eigen droom,

---

3   Uit: *The Rime of the Ancient Mariner*, S.T. Coleridge

die ik, omdat ze de mijne verstoren, naar het andere uiteinde van het eiland wens. Langs kwelders, schorren en plassen, de geur van zeealsem en gemaaid gras opsnuivend, tussen elzen, jonge eiken en cranberrystruiken bereik ik, als op vleugels gedragen, de Noordzee en ga in een duinpan in de zon liggen. Een bries aait langs mijn wang en ik sluit mijn ogen. Ik ben niet meer dan een nietig stofje in het heelal, maar in de bijna totale verlatenheid van deze stille, wondere wereld, ingeklemd tussen de natuurelementen en een eindeloze hemelkoepel, voel ik me weer verbonden met de kosmos en de wereld waar mijn zoon nu vertoeft. Misschien dat ik hem daarom als in een visioen zie wandelen aan de hand van een man die lijkt op alle afbeeldingen die ik van Jezus ken. Beiden dragen een lange witte jurk, de sfeer is er een van volkomen vrede. Ik zuig het beeld in me op: als dit nu het leven van John is, dan is het goed zo.

Eenmaal terug in de bewoonde wereld van de dorpskern durf ik mijn gezicht weer naar de mensen te keren – maar meer nog niet en me verbergend achter een zonnebril –, te genieten van de Indian summer en de warme chocolademelk op het terras van Zeezicht.

De mensen die het goed bedoelen wil ik geen onrecht aandoen, maar bevrijd van de martelende blikken aan het thuisfront – 'Wat doet ze? Hoe ziet ze eruit? Is ze er al overheen?' – kan ik eindelijk weer vrij adem halen en gewoon een vrouw zijn, niet die moeder van die verdronken jongen.

Ik maak lange wandelingen, wijk af van de aangegeven routes. Op een eiland vind je steeds weer de weg terug, ook naar jezelf. Ik fiets een paar keer naar het oude, anonieme zeemansgraf, bijna onvindbaar verscholen achter de weg bij Bomenland, en naar de kleine begraafplaats achter het kerkje. Ook op dit eiland, met zijn geschiedenis van overstromingen, vergane schepen en drenkelingen, zijn kinderen gestorven en waren ouders machteloos in hun leed. Zoals de vaders en moeders van de jongemannen, allemaal tussen de twintig en de dertig jaar, die hier op de stranden vakantievrienden hadden kunnen worden, maar er elkaar overhoop schoten en nu 'met eer', maar wel dood, begraven liggen op een Hollands eiland waar ze niets te zoeken hadden en waarschijnlijk nog nooit van hadden gehoord. Zowel in Engeland als in Duitsland heeft iemand op een dag voor de deur van een huis gestaan met een boodschap die het leven van de mensen die hadden gehoopt dat hun zoon weer door die deur zou stappen voor altijd veranderde. Wat is dan nog het verschil tussen een vriend of een vijand? In de dood is iedereen gelijk. Ik fantaseer gezichten bij hun namen en wou dat ik al die moeders kon zeggen: 'Ik heb even bij het graf van uw zoon gestaan.'

Ooit zwierven wij met onze kinderen over een 'echte' soldatenbegraafplaats, met duizenden witte kruisen voor duizenden jongemannen, ver van huis, in de kracht van hun leven gestorven voor een zaak die de hunne niet was. Jongens met dromen en toekomstverwachtingen. Weggemaaid. Zomaar. En al dat leed. Ik bezwoer mijn zonen dat ze het spel niet hoefden mee te spelen, ook al leefden ze in een land waar een dienstweigeraar twaalf maanden de cel kan indraaien en een moordenaar er, bij gebrek aan die cel, met minder vanaf komt. Mijn jongens waren niet geboren om zich overhoop te laten schieten op welk 'veld van eer' dan ook, dat nooit meer is dan een vruchtbare en toch zo dorre akker van andermans politieke, financiële en economische belangen. Mijn jongens waren geboren om te leven!

Al die zonnige dagen die ik voor mezelf had, gaan te snel voorbij. Op de landkaart des levens is ieder mens een eiland en misschien is er niets eenzamer dan eiland op een eiland te zijn, maar bedwelmd door de stille schoonheid die hier voor me wordt uitgespreid, vind ik weer verzoening met het leven, kan ik weer voelen wat geluk betekent en weet ik dat ik slechts dát wil zijn: een eiland. Eigenlijk zou ik precies andersom willen leven: dagelijks in de stilte en geïnspireerd door de natuur mijn werk doen en, als ik er even genoeg van heb, een paar dagen naar 'de wal'.

Het afscheid wordt verzacht door het verlangen naar mijn gezin. Door afstand te nemen, heb ik het allemaal weer duidelijker kunnen zien: zij hebben mij nodig, ik heb hen nodig. Niets is me dierbaarder dan zij. Straks zal ik ze, met een tas vol cadeautjes en de wil om met hen verder te leven – misschien wel het allermooiste geschenk – weer in de armen sluiten. Als ik écht oud ben, mijn kinderen hun vleugels hebben uitgeslagen en hun eigen vlucht volgen, kan ik altijd nog op een eiland gaan wonen.

Na een week van fietsen, wandelen en saunabaden voel ik me in alle opzichten gereinigd.

In die ene week heb ik meer verwerkt dan in driekwart jaar. Waarom heb ik negen maanden gewacht om hierheen te komen? Misschien omdat een mens evenveel tijd nodig heeft om herboren te worden.

De vleugel van de dood scheert nog steeds langs ons heen en op één van de laatste mooie dagen in november treft hij onverwacht mijn schoonvader te midden van zijn bloembedden. Geen bloemen echter tijdens de sombere plechtigheid voor de man die niet zonder kon, ze liefdevol verzorgde en schilderde. Hij wordt begraven tegenover John en tussen de twee doden loopt een paadje, een symbolische scheiding tussen een mensenleven vol kronkels en oneffenheden dat de grootvader wel heeft mogen afleggen en het kleinkind niet. Wanneer we bloemen naar Johns graf brengen en ons omdraaien naar het andere, ligt het er in zijn leegte bij als een stille aanklacht.

Met hun ouders begraven kinderen een deel van hun eigen verleden; dat ligt in de normale loop der dingen en daarom is het verdriet milder en draaglijker. Wie zijn kind verliest, begraaft zijn toekomst en een mens zonder toekomst kan net zo goed zichzelf ingraven. Tussen verleden, heden en toekomst komt mijn man klem te zitten. Hij schopt tegen tafelpoten aan en gooit serviesgoed kapot, beweert zijn creativiteit verloren te hebben. Gelukkig helpt de jonge assistente de fotostudio draaiende te houden.

Hoe we ook proberen om er niet aan te denken, er is geen ontkomen aan: de wereld bereidt zich voor op kerstavond, met al zijn valse symptomen van vrede en gelukzaligheid die tweeduizend jaar geleden nog zo beloftevol leken. Het is alsof we terug geslingerd worden in de tijd en in een glazen bol kunnen zien wat ons te wachten staat: op kerstavond zal John doodgaan.

Als de eerste feestfolders door de brievenbus glijden beginnen we de dagen af te tellen als de bolletjes aan een rozenkrans, tot die ene dag waarop 'het' – weer – zal gebeuren. En zoals de dagen – steeds vroeger – worden opgeslokt door de nacht, zo vreet ook weer de herinnering aan onze zielen, die heel even een beetje tot rust waren gekomen.

Het komt me goed uit dat ik precies nu naar Denemarken moet en zo kan ontsnappen aan wat me weer dreigt te verlammen. Al had ik liever over een ander onderwerp geschreven dan 'Kerstsfeer in Kopenhagen' – en zelfs daar zit de duivel me op de hielen. Want wie anders dan hij heeft er in bloedrode letters *John er død* op een stadsmuur gespoten om het een paar dagen later op een Amsterdamse schutting te herhalen als *Johnny is gone*?

We kunnen de tijd niet stilzetten of in een hol kruipen. Op een ochtend is het 24 december. In het kerstnummer van

Margriet is mijn 'Brief aan John' gepubliceerd en een voorpublicatie van een fragment van mijn boek. Een tekenaar heeft er, naar Johns laatste foto, een tere aquarel bij gemaakt die we ingelijst cadeau krijgen. De vele reacties uit het hele land doen ons goed, zeker in deze dagen waarop ons huis eruitziet als op elke willekeurige dag van het jaar. Voor ons geen kerstsfeer. Niet in dit huis, niet in dit dorp.

Als dieven in de nog donkere nacht trekken we nog voor het licht wordt op 24 december de deur achter ons dicht en rijden naar het zwembad. Voor het eerst staan we weer op de plek waar onze zoon gestorven is en op de vooravond van het grote christenfeest zijn mijn gedachten alles behalve christelijk. We leggen bloemen bij de ingang neer, een gebaar dat het ingedutte dorp zodra het licht wordt weer even wakker zal schudden. Tegen de tijd dat we in Friesland zijn, zijn in Driebergen de bloemen voor John en Mark al in een container beland.

Naarmate de klok verder tikt – vier uur, halfvijf, nu is het precies een jaar geleden dat... – rukt het grote zwijgen ons gezin weer mijlenver uit elkaar. Zelfs Vlieland brengt dit keer geen redding. Maar als een provocatie van onze eigen ellende doet een onbekende kracht ons in opstand komen: we willen niet meer alleen in onze donkere hoek blijven zitten, we hebben genoeg van de dood, we willen weer gewoon kunnen leven, een gewoon gezin zijn dat er een paar dagen tussenuit is gegaan. Als we deze eerste Kerstmis zonder John overleven, kunnen we misschien weer echt aan een nieuw begin denken. En als een gewoon gezin geven we elkaar cadeautjes en lezen bij het licht van een onpersoonlijke hotelkerstboom briefjes voor, waarin de liefde voor elkaar en voor John wordt uitgesproken en ieders wil en hoop, om weer het gezin te worden dat we eens waren. We proberen de muur te doorbreken die we elk voor zich om ons heen hebben opgetrokken en de eerste Kerst van onze nieuwe tijdrekening, die tweede zonder John, is misschien wel de meest dierbare en belangrijke die we ooit hebben 'gevierd'.

Voor we het goed en wel beseften, waren we het Jaar Nul doorgekomen. Maar na dit jaar waren we niet meer dezelfde mensen. Sluipenderwijs waren onze waarden en normen veranderd; wat vroeger belangrijk leek, werd dat steeds minder of was het helemaal niet meer. Niets zou ons nog zo diep kunnen treffen, niets zou schrijnender zijn dan de wonden die ons al waren toegebracht en die nooit meer helemaal zouden genezen – en daardoor voelden we ons bijna onaantastbaar geworden. Als het ergste je al is overkomen ben je nergens meer bang voor, behalve voor het welzijn van je andere kinderen. Verder lijkt het alsof de wereld en wie daarop rondloopt aan je voorbijgaat en niets je meer kan schelen of raken. Misschien dat we daardoor harder en fatalistischer werden – en de buitenwereld voegde daar waarschijnlijk 'egoïstischer' aan toe. Meer dan ooit hadden we genoeg aan onszelf.

Alles wat ik wilde, was weer een gelukkig gezin. Dat waren we verplicht aan John, maar zeker aan Tanja en Tom. Nog niet zo lang geleden namen we het hen bijna kwalijk dat we voor hen verder moesten, maar nu wisten we dat ze ons leven hadden gered. We móésten verder voor hen en voor onszelf en we zouden dankbaar zijn voor elke kleine vreugde die op ons pad kwam. Ik hoopte dat ze later ook zouden kunnen zeggen: 'Papa en mama waren als twee geknakte bomen, maar voor ons bleven ze toch overeind staan.' Het leven dat we zo mooi voor onszelf en onze kinderen hadden uitgestippeld, had op zijn grondvesten gedaverd en zelfs als de brokstukken nog te lijmen waren, zouden de barsten altijd zichtbaar blijven. Ons gezin was als een dijk geweest, opgebouwd uit de liefde die we voor elkaar hadden, en toen hij doorbrak, werden we overspoeld door krachten die we niet kenden en niet konden tegenhouden. Een doorbroken dijk wordt niet op één dag hersteld, maar wanneer hij er eenmaal weer staat, is hij sterker dan ooit tevoren.

We zouden het redden.

NASCHOKKEN

Als ik had gedacht dat ik voor de rest van mijn leven wel voldoende getroffen was, dan vergiste ik me. Johns dood was slechts de eerste akte geweest van een drama dat geschreven leek door een auteur die niet verder kwam dan een aaneenschakeling van clichés. Maar geen grotere waarheden dan clichés. Zoals de echtgenoot die op middelbare leeftijd huis en haard verlaat met zijn secretaresse, in dit geval de frisse assistente – pril van de havo, slechts vier jaar ouder dan onze dochter en nog nooit geconfronteerd met de dood of zelfs maar het leven. En, zoals het cliché immers wil, was ik de laatste die het begin van het einde in de gaten had. Ja, mannen gingen vreemd, maar híj toch niet, na alles wat we hadden doorstaan? In het dorp, altijd alert, veranderde onze rustige reputatie van *happy family* die we zo lang geweest waren, in *the talk of the town*.

Ooit waren we getrouwd voor 'goede en slechte tijden', maar de overtuiging van onze huwelijksdag ontaardde in een langdurig en pijnlijk proces van verwijdering. Toch durfden we het nog aan om af en toe samen een reportage te maken – brood op de plank! – ons daarbij in dezelfde hotelkamer overgevend aan de oude, vertrouwde intimiteit die de volgende ochtend nooit iets bleek te hebben opgelost. Ruzies en knallende hoteldeuren deden ons dan ook snel afzien van deze werkuitstapjes. Te lang bleef ik me desondanks vastklampen aan valse hoop die gevoed werd door de man die ondanks de scheiding niet kon kiezen en loslaten – ik evenmin, trouwens – , die vroeg om tijd en geduld.

Uiteindelijk koos ik. Toen mij duidelijk werd dat er niets meer te redden viel stapte ik op onze trouwdag het kantoor van een advocaat binnen. Vier jaar na de dood van mijn zoon, en zes dagen voor wéér een kerst, was ik officieel een gescheiden vrouw.

Net toen ik langzaam uit het dal na Johns dood omhoog begon te krabbelen, kondigde het volgende rouwproces zich aan. Ik voelde me als een afgetrapte dweil en alles wat ik als mens en op professioneel vlak zo moeizaam weer had opgebouwd zakte volledig in.

Aan het cliché van de verstoten, sherry drinkende echtgenote voldeed ik niet, maar van het afbouwen van medicatie kwam weinig meer terecht. Ik werd nóg magerder, slikte te veel tranquilizers en slaappillen en werd een expert op het gebied van antidepressiva die geen van alle echt hielpen. De wereld om me heen zag ik als door een mistgordijn. Doktersonderzoeken brachten geen levensbedreigende kwalen aan het licht – ik leed alleen aan verterend verdriet en 'algehele uitputting' – en ik belandde een aantal maanden in een herstellingsoord tussen andere overspannen en depressieve vrouwen. Beetje bij beetje werd ik daar opgelapt. Te lang had ik treurig en moe rondgedwaald in mijn eigen leven, op zoek naar de goede weg, zonder die te vinden. Ik had me voorgenomen om nooit meer één pil aan te raken, zodat ik weer de eenvoudige schoonheid van een boeketje bloemen zag, de wereld weer door een heldere – zij het niet roze – bril kon bekijken.

Ondertussen werden mijn kinderen sneller – té snel – volwassen dan ik had verwacht en misschien goed voor hen was. Tanja ging van school en zocht haar heil en valse geborgenheid bij een verkeerd vriendje. Ik bleef alleen over met mijn tienerzoon die het steeds moeilijker kreeg. Op het lyceum moest Tom een jaar overdoen en raakte zo zijn vertrouwde klas, vriendjes en vriendinnetjes kwijt. Van de populaire jongen die hij was geweest werd hij een einzelgänger. Hij raakte steeds meer in zichzelf gekeerd, zonderde zich af en praatte tijdens de pauzes met de paarden in de wei aan de overkant. Hij miste de veiligheid van het verloren gezin en een vader die weleens een biertje met hem ging drinken of die hem gewoonweg begreep. Maar die vond dat allemaal maar aanstellerij.

'Die paar momenten onder water van John, hebben alle andere momenten daarna bepaald', zoals Tom het zelf verwoordde. Vanaf toen waren voor hem het vanzelfsprekende, de onbevangenheid en openheid voor altijd weg. In de plaats kwamen slapeloosheid, somberheid en stemmingswisselingen, verlatingsangst en fatalisme. Hoelang zou het duren voor er weer een tragedie plaatsvond? Kwetsbaar en sensibel als Tom was, kwam hij voor langere tijd in de jeugdpsychiatrie terecht. Na zijn opname bleef hij nog lang knokken, zijn leven 'bij elkaar schrapen', deuren sluiten, de wonden likken van het te vroege verlies van zijn kinderjaren. Hij verbrak alle banden met de man die hij was gaan minachten en nam officieel een andere achternaam aan. Hij ontwikkelde zich op artistiek en intellectueel gebied, vond de kracht om een universitaire studie af te ronden en kreeg weer grip op zijn leven.

Ook Tanja, het type van de doorzetter en de pragmaticus, geboren onder het sterrenbeeld van de Steenbok, koos haar eigen pad. Ze liet zich opleiden tot het beroep dat John had willen uitoefenen en werd kok in haar eigen restaurant. De dood van haar broer en de teloorgang van wat een gelukkige huwelijk leek, hadden tot gevolg dat ze zich aanvankelijk maar moeilijk langdurig aan iemand durfde te binden. Nu is ze moeder van Lisa, mijn kleindochter. In het contact met haar ouders probeert ze nog altijd de geit en de kool te sparen. Over vroeger praten blijkt nog steeds bedreigend; zwijgen werd voor haar – en mij – dé manier om de fantomen uit het verleden te bedwingen.

Na de publicatie van mijn boek werd ik regelmatig – als er weer ergens een kind verdronken was, wat helaas niet ophield – uitgenodigd om te praten over het onderwerp zwembaden en veiligheid. Telkens zei ik ja, met het lood in de schoenen, omdat ik niet wilde dat de aandacht zou verslappen. Ik werd zelfs gevraagd op een congres van zwembadmedewerkers en strijdlustig begaf ik me in het hol van de leeuw. Hier zaten precies de mensen die ik wilde bereiken. Ik kreeg twintig minuten om mijn zegje te doen, het werd een halfuur en in de volle zaal kon je een speld horen vallen.

Pas na afloop – en dat was maar goed ook – zag ik dat 'onze' bedrijfsleider op de eerste rij zat. Ik bedankte voor de koffie en ging uitwaaien op het strand van Noordwijk. Dit was voor mij het orgelpunt van al mijn pogingen. Ik had mijn best gedaan. Paul Witteman nodigde me uit en besteedde er aandacht aan, Kamerleden werden ter verantwoording geroepen en beloofden maatregelen te zullen nemen. Maar tot op heden blijven er ongelukken in zwembaden gebeuren.

Ik besefte dat ik verder moest, mijn weg gaan en openstaan voor de goede dingen die ik zeker nog zou tegenkomen. Weer was schrijven daarbij mijn redding. Wat veel vlotter ging dankzij een nieuwe wondermachine, tekstverwerker geheten. En ik had wat jaren in te halen! Het werden tropenjaren. Waarin ik definitief de scherven van mijn oude leven bij elkaar raapte en begon aan het nieuwe. Met nieuwe vriendschappen en, letterlijk, nieuwe horizonten. Ik ging weer veelvuldig op werkreis en er bleken genoeg aardige fotografen die graag met me mee wilden.

Maar pas toen ik in m'n eentje verhuisde naar een andere woonplaats, tussen bos en hei, voelde ik me bevrijd: weg van wat ik te lang als slechte vibraties had ervaren, weg van de blikken in mijn rug. Eindelijk anoniem. Alleen op kerstdag en op Johns verjaardag ga ik nog elk jaar terug naar het dorp waar ik twintig jaar gewoond heb, maar dan alleen naar de begraafplaats. En daarna zo snel mogelijk weer weg.

Het grote, intense verdriet om Johns dood is langzaam bezonken; het werd abstract, niet meer tastbaar. Het maakte plaats voor de kleine, schrijnende pijnen die af en toe in pieken omhoogschieten als de bibberige lijn van een onrustig cardiogram. Het is de pijn die ik voel als ik naar Johns foto's kijk, wanneer ik zijn vroegere vrienden zie met hun partners en kinderen of lees over andere dode kinderen en weet wat hun ouders nog te wachten staat. Ook zal ik altijd blonde jongens van dertien zien fietsen. Maar ik kan nu verder leven zonder hem. Niet omdat ik hem vergeten ben, maar omdat hij steeds dichter bij me is gekomen; niet in de wolken of in dromen, maar binnen in me.

Berusting kan ik het nog steeds niet noemen. Maar ik heb geleerd mijn lot te aanvaarden. Daarbij helpen de stilte en rust van de natuur en, steeds weer, de muziek. En de liefde, het diepe, warme gevoel dat mij nog steeds met mijn kinderen verbindt en door niets stuk te krijgen bleek. In die verbondenheid hebben we geleerd ons te verzoenen met al het leed dat ons overkwam. Op een dag in december mocht ik bij de geboorte van mijn eerste kleinkind zijn en heb ik voor het eerst in jaren weer gehuild.

Maar die andere dag in december zal voor altijd de moeilijkste dag van het jaar blijven. Die dag probeer ik ieder jaar weer te overleven met mijn eigen troostend ritueel. 's Ochtends wil ik alleen zijn: geen bezoek, geen telefoon. Ik steek kaarsjes aan bij Johns foto en luister naar het Requiem van Mozart. De eerste voorzichtige tonen en het wanhopige gezang van het *Introitus* knijpen mijn keel dicht, ieder jaar weer. Maar als na het lieflijk vloeiende *Communio* de tranen zijn opgedroogd, is het alsof ik even in de hemel heb mogen kijken en ben ik klaar om naar Johns graf te gaan. Beetje schoffelen, verdroogde boeketten verwijderen en nieuwe neerzetten. Het regelmatig bezoeken van zo'n plekje is ook onderdeel van zekerheid gevende rituelen die de mensheid al lang voor mij bedacht heeft als houvast in een onvoorspelbaar bestaan. Na al die jaren sta ik nog steeds ietwat verdwaasd bij die grafsteen die we ooit voor hem uitzochten; uitgerekend daar voel ik zijn aanwezigheid het minst, maar dichter kan ik voorlopig niet bij hem komen. John is hier allang niet meer; misschien zit hij nu wel bij Mozart op schoot. Bij Bach mag ook. En dat is een zeer troostrijke gedachte.

Wanneer de duisternis invalt vult het huis zich met etensgeuren en gaan er nog meer kaarsjes aan. Het eerste glas wijn van die avond wordt geheven op John. Op deze dag in december zal hij er altijd bij zijn. Zolang ik mijn zoon in me draag is hij niet echt dood.

Alles wat er ooit was, is er nog steeds,
alleen in een andere vorm.

Hopi-wijsheid

NAWOORD

Dertig jaar geleden verscheen dit boek voor het eerst onder de titel *Het Jaar Nul*. Het schrijven ervan had me veel moeite gekost en zonder de zachte druk van de toenmalige uitgever had ik waarschijnlijk niet doorgezet. Wie zou er immers een dergelijk boek willen lezen? Een boek over een dood kind, een rouwend gezin, wie zat daar op te wachten? Ik vergiste me.

Het boek kreeg warme reacties van ouders van overleden kinderen en dat waren er tot mijn verbijstering heel veel. Dat het geen psychologische of religieuze uiteenzettingen over de dood en het eventuele leven erna was, maar gewoon een menselijk verhaal, was precies wat hun aansprak. De lezers lieten me in brieven en persoonlijke gesprekken weten hoeveel ze eraan gehad hadden of dat ze het anderen als troost hadden gegeven. De teneur van de reacties was: 'Wij herkennen ons in het boek, het zijn ook onze gevoelens en woorden. U heeft ze voor ons opgeschreven.'

Kennelijk had ik het boek geschreven dat ik zelf had willen lezen – maar niet vond toen ik het nodig had. Het ging een eigen leven leiden, ik word er nog steeds op aangesproken en tot op heden blijkt er een behoefte aan te zijn.

Daarom besloot ik het opnieuw door te nemen en wordt het nu door Uitgeverij Marmer onder de titel *Je stappen op de twaalf treden* in een herziene en aangepaste versie uitgegeven.

Dolores Thijs   Den Dolder, 2016

Vereniging Ouders van een Overleden Kind

Een zelfhulporganisatie van ouders die begrip en medeleven wil bieden aan lotgenoten.

Centraal Contactadres:

Joke Spanjaard
Postbus 418
1400 AK Bussum

Per e-mail Joke Spanjaard, cca@vook.nl
www.vook.nl

Ander werk van Dolores Thijs

Retour Berlin Ostbahnhof (2014)
Het huis aan de Sont (2015)

Colofon

© 2016 Dolores Thijs en Uitgeverij Marmer BV

Eindredactie: Meike van Beek
Omslagontwerp: Studio Jan de Boer
Omslagfoto: plainpicture/Narratives/Emma Lee
Foto auteur: www.hadewychveys.nl
Zetwerk: V3-Services
Druk: Ten Brink

Eerste druk juni 2016

ISBN 978 94 6068 325 1
E-ISBN 978 94 6068 804 1
NUR 320 / 402

Deze uitgave kwam mede tot stand door bemiddeling van Het kantoortje van Remco, literair agent te Amsterdam.

Niets uit deze uitgave mag vermenigvuldigd en/of openbaar gemaakt worden door middel van druk, fotokopie, microfilm, of op welke wijze dan ook, zonder voorafgaande schriftelijke toestemming van Uitgeverij Marmer BV.

Uitgeverij Marmer BV
De Botter 1
3742 GA BAARN
T: +31 649881429
I: www.uitgeverijmarmer.nl
E: info@uitgeverijmarmer.nl